古墳解読

古代史の謎に迫る

邪馬台国のその後、
浮かび上がる大王の実像——

武光 誠

JN136511

河出書房新社

日本古代史の謎を古墳から解き明かす――はじめに

古代史好きの間では、前々から古墳に対する関心が根強く受け継がれてきた。大和朝廷が勢力を拡大して全国を統一した時期、つまり、三世紀なかば～七世紀なかば頃までの史実を物語る文献はきわめて少ない。そのため、古墳を手掛かりに、この時代の皇室の祖先たちの歴史を知ることができるのではないかと考えられてきたからだ。

古墳は、北海道から鹿児島県まで日本各地に分布する。すこし調べれば、誰でも身近にある古墳をみつけることができる。

令和元年、日本最大規模の古墳を中心とする「百舌鳥《もず》・古市《ふるいち》古墳群」が世界遺産に登録された。近年、さまざまな科学的手法を用いた新たな発掘を通じて、古墳に関する多くの興味深い事実が明らかにされている。有力な古墳が発掘されるたびに、日本の古代史像が修正されていっているのだ。

しかし専門の考古学者は、古墳の設計や出土品の形式に関する考察に終始していることが多く、考古学者が書く本は難しいという印象を人々に与えているように思われる。

古墳を知れば、邪馬台国《やまたいこく》のその後や、伝説だけで知られる皇室の先祖にあたる大王《おおきみ》や王族たちの姿が浮かび上がってくる――。このことを伝えるために、本書では歴史学者の立場に立って、古墳とその歴史について解説していくことにしよう。

古墳がいつごろ、どこでつくられたかは、ほぼ明らかになっている。古墳の形やそこの出土品の変遷も興味深いが、本書ではそのことに深入りせずに、古墳をつくらせた人びとの実態に焦点を当てて書き進めていきたい。つまり「誰が、なぜ古墳をつくらせたか」という謎を解明するものだ。

古墳は、大和朝廷の出現とともに奈良盆地南東部につくられた。古墳以前にも豪族を葬った有力な墓はあちこちにあったが、大王たちは「各地の豪族の墓の宗教上の習俗」を多く取り入れた古墳を生み出した。これは、古墳を王家の独自の墓でなく「全国の豪族が共有しうる墓」とする行為であった。そのような古墳は、間もなく王家との連合体をつくった各地の豪族に広まっていく。古墳の分布が大和朝廷の歴史を物語るのである。

これから仁徳《にんとく》天皇、雄略《ゆうりゃく》天皇など英雄視された古い時代の大王の実態もまじえつつ、古墳をとおして日本の古代史を解き明かしていこう。

武光　誠

古墳解読 古代史の謎に迫る　もくじ

一章

そもそも古墳とは何か、どのように誕生したのか

二章

大和朝廷の勢力拡大と前方後円墳の広がり

三章 朝鮮諸国との外交が「古市古墳群」をつくらせた

四章

古市古墳群とは別に「百舌鳥古墳群」を営んだのは誰か

五章
七世紀末、なぜ古墳は築かれなくなったのか

カバー写真＊イメージナビ：百舌鳥古墳群
「大山古墳(仁徳天皇陵)」月岡陽一
本文写真＊国土地理院：30p、35p、105p、132p、156p、163p、211p
共同通信社：133p、147p
国立国会図書館：134p、151p
岡山県古代吉備文化財センター：80p
663highland：213p
Saigen Jiro：66p、216p
本文イラスト＊角 愼作
図版作成＊センターメディア
地図版作成＊AKIBA
協力＊緒上 鏡

一章

そもそも古墳とは何か、どのように誕生したのか

古墳は、祖霊信仰から生まれた「首長霊」を祭る場所

●現存する古墳の数は神社よりも多い

一章では、古墳に関する基本的な説明をしていきたい。

奈良の都がつくられる（七一〇年）前の皇室の祖先たちにとって、古墳は欠かせないものであった。古墳とは、大王《おおきみ》などを葬るために築かれた巨大な墳丘をもつ墓である。「天皇」の称号が使われるのは七世紀末の天武《てんむ》天皇の時代以後のことだから、本書ではそれ以前のものを便宜上、「大王」や「王家」と表記しよう。

古墳は、二五〇年から六五〇年頃を中心とした時期に、日本の各地で盛んにつくられた。まず豪族たちが古墳を築いたが、六世紀に入ると上流の農民たちも小型の古墳を築くようになる。

古い時代につくられた古墳は、私たちに縁遠いもののように思えるかもしれない。しかし古墳は、私たちが生活する場の近くに思いのほか多くみられるものだ。

市町村などが発行している史跡案内のパンフレットを手に入れると、たいていそこにはいくつかの古墳とその説明が書かれている。

普段は「小さな自然の丘」だと思っているところが、じつは古墳だったのである。古墳のそばには史跡を説明する看板が設置されていることが多いが、それらはたいてい見過ごされてしまう。

現在の文化庁の調査では、一六万基余りの古墳が確認されている。専門家は古墳を、一基、二基と数える。日本には一二万社余りの神社があるが、現存する古墳の数は神社の数より多いのだ。

ところが、ある推計には、古代には一〇〇万基もしくは二〇〇万基以上の古墳が築かれたとある。しかしその多くは、日本の長い歴史の中で失われてしまった。

中世以後の農家の人びとが、古墳を崩して田畑にした例も多い。古墳に使われた良質の粘土が、日本家屋の土壁に用いられることもあった。戦国武将の中には、古墳に手を加えて城にした者もいる。江戸時代までの人びとは、天皇の御陵《ごりょう》とされた一部の有力な古墳以外は、自然の丘陵と同じものだと考えていたのだ。

明治時代以後に古墳が考古学上の資料として扱われるようになったあとでも、道路、宅地などの開発の際に多くの古墳が破壊された。

「古墳を史跡として保護していこう」と主張する市民運動が盛んになるのは、昭和三〇年代から四〇年代にかけての時期（一九五五年―七四年）以後のことになる。

●縄文時代の信仰の流れをくむ古墳の祭祀

古墳時代（三世紀末―六世紀）の日本の人口は、二〇〇万人から三〇〇万人程度だったと推測されている。当時の日本では、三〇〇万人足らずの人間が、一〇〇万基もしくは二〇〇万基の古墳と共に生活していたことになる。国内に、人間の数の三分の一もしくは半分の古墳があったのだ。

古墳はまず、考古学者などが「首長《しゅちょう》」と呼ぶ一つの集団の宗教的な指導者を「神」として祭るためにつくられた。古い時代の日本人は、人びとを守る多くの霊魂が集まったものを神と考えて祭祀《さいし》の対象としていた。

このような信仰は、**精霊崇拝《せいれいすうはい》（アニミズム）**と呼ばれている。「精霊」とは、「霊魂」と同じ意味の言葉である。精霊崇拝が行なわれた時代の人びとは、次のように考えて生活していた。

「多くの精霊が、力を合わせて自然界を動かしている」

文化人類学によれば、どの民族も古い時代には、こうした精霊崇拝の発想に拠《よ》る社会が

精霊崇拝

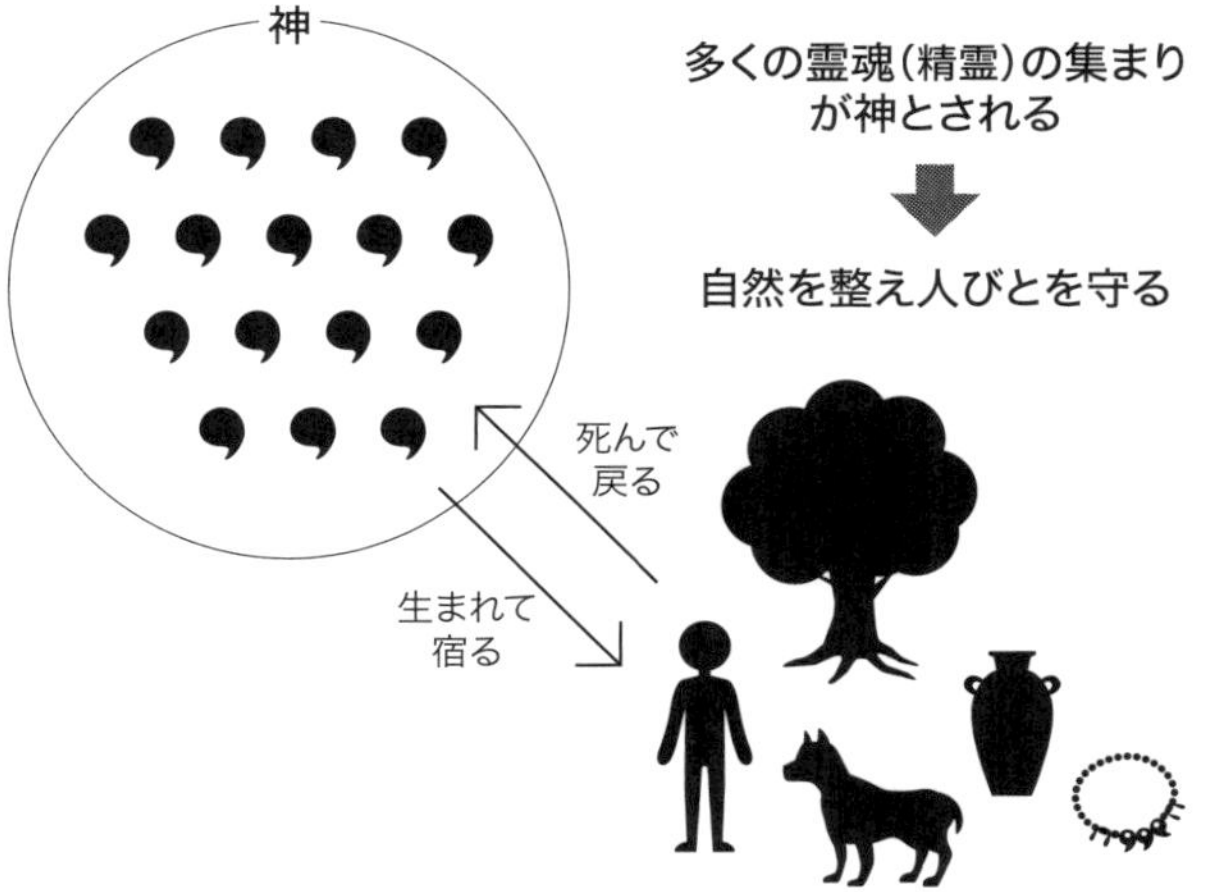
神
多くの霊魂(精霊)の集まり
が神とされる
自然を整え人びとを守る
死んで
戻る
生まれて
宿る

※人間、動物、植物が生まれ、道具がつくられると、それを守る霊魂がやってくる。生き物が死んだり道具が壊れると、霊魂は神々の世界へ帰っていく

つくられていたとされる。

その時代には雨や風は、目にみえない精霊のはたらきによって起こると考えられた。そして、亡くなった人間の霊魂、亡くなった動物の霊魂などは精霊の世界に加わり、自然を動かす側となって永遠に生きるとされた。

子供が生まれると、精霊の世界から善良な心をもつ霊魂がやってきて子供に宿ると信じられた。そのため、精霊崇拝の時代の人びとは「人間はすべて善良な霊魂をもっている」と考えて、互いに信頼し合って生活した。そして、かれらはみんなで精霊の集団を祭り、自然災害がないように、食料が豊富に得られるように祈った。

　自然の恵みによって生活していた縄文時代の日本人は、このような精霊崇拝に立った生活をしていたと考えられる。そして人間の力で農業を営み、食料を得るようになった弥生時代に、次のような新たな発想が起こった。

「精霊の世界では、亡くなった先祖たちが他のさまざまな精霊を従えて、自分たちの子孫を守っている」

　これを**祖霊信仰**という。さらに、弥生時代中期後半にあたる紀元前一世紀後半あたりから、弥生時代の社会は大きく変わった。祭祀によって一つの集団の人びとを指導する有力な首長（宗教的指導者）が現れたためである。

●小国の出現から古墳の誕生へ

　紀元前一世紀後半から日本の各地に、二〇〇〇人もしくはそれ以上の人口をもつ「小国」と呼ぶべき有力な集団が広がっていった。中国の史籍では、そのような集団は「奴国《なこく》」「伊都国《いとこく》」などの一つの国として扱われている。祭祀によって邪馬台国《やまたいこく》を治めたとされる女王卑弥呼《ひみこ》も、そのような小国の首長の一人であった。

のちに大和の有力な小国の首長が勢力を拡大し、大王《おおきみ》となって日本を統一していった。

そのため、小国の首長の流れをひく者は、大王に従って有力な地方豪族になった。

弥生時代中期後半（紀元前一世紀後半）以降に起きた、ここに記したような首長の権威の拡大の中で、次のような**首長霊《しゅちょうれい》信仰**が広まった。「首長霊信仰」という言葉は、弥生時代の墳墓や古墳を研究する一部の考古学者が広めたものである。

古墳と首長霊信仰

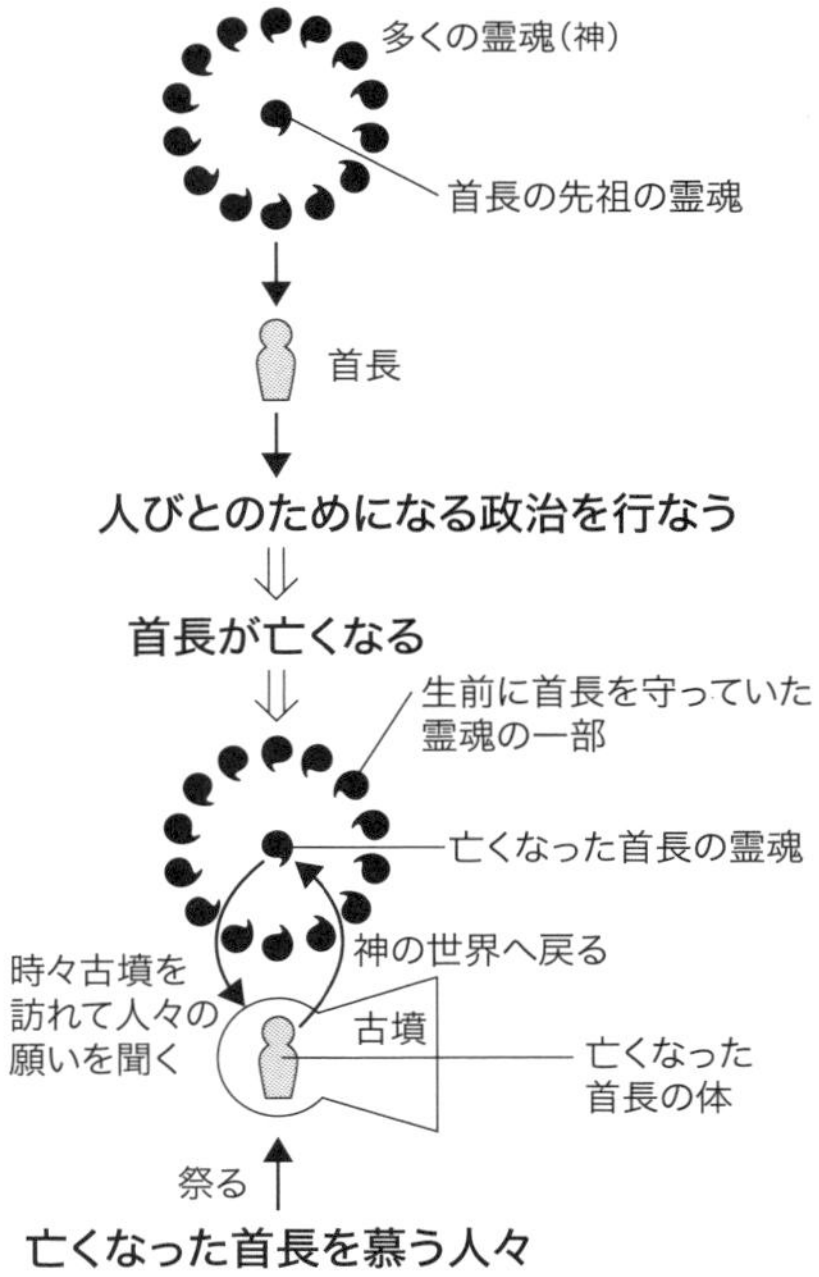

「この世界では、私たちは首長の指導のおかげで平穏に生活できている。亡くなった首長の先祖たちは有力な精霊となって、精霊の世界で多くの精霊を統率しているに違いない。だから首長はよく首長霊を祭り、首

長霊の教えに従って良い政治をすべきである」

このような考えにもとづいて、**大王、そして中央や地方の豪族の先祖にあたる首長霊が、大王や豪族が治める一つの地域の守り神とされた。古墳は、最初は首長霊の祭祀の場であったのだ。**

そのため考古学者の多くは、そのようなものを**「首長墓」**と総称している。さらにかれらは、そこに葬られた人物（被葬者）の違いによって、「大王墓」とか「豪族墓」といった言葉を使い分けることもある。

古墳の性格は、ピラミッドではなく「神社」に近い

●古墳の祭祀は神道の原形

六世紀になると、有力な農民たちによって、自分の一族だけを守る神として先祖を祭る小型の古墳が多くつくられるようになった。考古学者はそのような小型古墳を**「家族墓」**と呼んでいる。この家族墓は、現在の家ごとに行なうお墓の祭祀につながっていくものとみてよい。

これまでに記したような首長霊信仰の発想は、間違いなく現在の神道にも受けつがれている。日本の君主である天皇の祖先神は、伊勢神宮の内宮《ないくう》（皇大《こうたい》神宮）で祭られている天《あま》照大神《てらすおおみかみ》とされる。この天照大神は、天皇の祖先である皇祖神《こうそしん》であると共に、日本全体の守り神とされている。

天照大神と氏神の関係

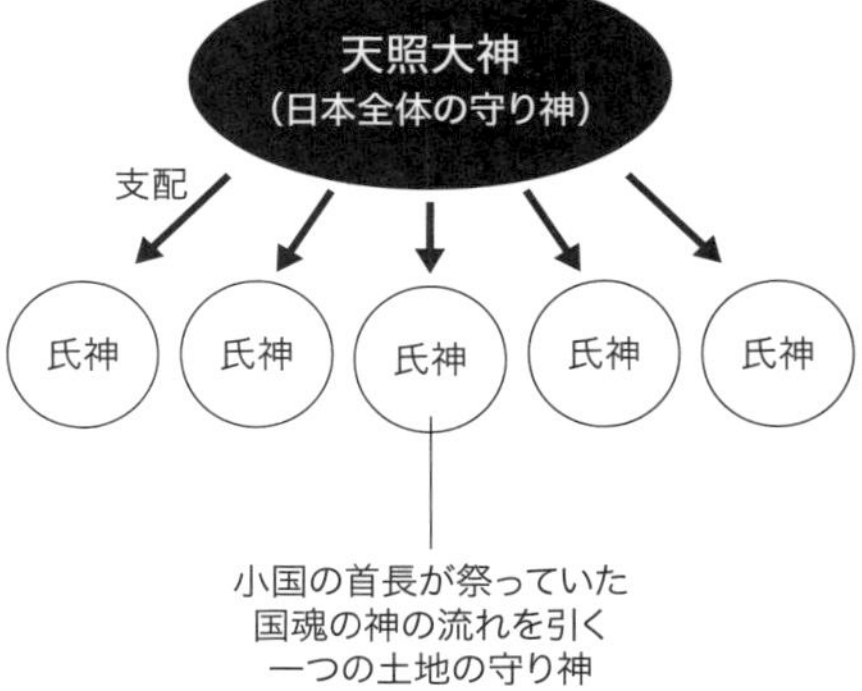

そのため、神道を信仰する家では「神宮大麻《じんぐうたいま》」という伊勢神宮のお札《ふだ》を神棚の最上位の座に祭り、自分たちの居住地の守り神である氏神《うじがみ》のお札を第二位の座に祭っている。土地の神である氏神の中には、岡山市吉備津《きびつ》神社、島根県大田《おおだ》市物部《もののべ》神社のような、古代にその地域を治めた豪族の祖先神、つまり首長霊を祭るところも少なくない。

神社がある場所は、信仰の対象とされた特別の地である。

古代にはこれよりはるかに多数の、信仰の対象があった。それらは山や川岸、海岸、島や巨木や巨石のそばの神々の祭祀の場とされる神聖な地と、古墳とから成る。

飛鳥時代の終わりにあたる七世紀末前後に、神聖な祭祀の場に神社の社殿が建てられた。そのような神社の大部分は現在まで存続し、あちこちの氏神となる。

古墳時代の人びとは、そのような神社の前身にあたる聖地の他に、古墳を自分たちの守り神とした。古墳の中には、一つの地域全体を守る首長霊となった大王や豪族を祭る大型古墳から、一族の祖先神とされた家族墓の形で営まれた小型古墳までが含まれるということになる。

●エジプトのピラミッドは「再生を待つ王の家」

エジプトには多くのピラミッドが存在しており、世界中から観光客を集めている。そのため、古代に築かれた巨大な墓の例として、エジプトのピラミッドと日本の古墳が挙げられることが多い。しかしこの両者は、全く別の目的によってつくられたものである。

ピラミッドは、亡くなった王だけのためにつくられた王墓であったと考えられる。これに対して古墳は、これまで述べたように、本来は一つの地域の人びとを守る神の祭祀の場であった。古墳に葬られた日本の豪族たちは、

「死後も首長霊となって、生前に自分が治めてきた人びとやその子孫を守りたい」と考えていたのである。

これに対してピラミッドは、亡くなったエジプトの国王が生まれ代わりの時を待つところであった。国王の専制が行なわれたエジプトでは、「王は神である」とされていた。

エジプトは多神教の国であるが、そこの神々の中のホルス神が天界の主であると共に、地上のエジプト王であると主張された。このような神王は、永遠に生きる「カァ」という霊魂のようなものをもつと考えられた。

人間が死ぬと、カァはしばらく人間の体を離れて休むと信じられたため、エジプトの有力者は、死者の体をミイラにして完全に保存した。

遺体が残っていれば、カァが戻って来たときにカァが遺体と一体になって、人間を死から生に呼び戻すと信じられたのだ。そしてホルス神であった王が再生すると、冥界《めいかい》の王であるオシリス神に生まれ変わり、あの世の支配者になるとされた。そのため、エジプトの人びとはこのように考えた。

「王が甦《よみがえ》ったときには、別の王が地上を治めている。だから、生き返った昔の王は、より良いところに去ってもらいたい」

ピラミッドの内部は「再生を待つ王の宮殿」だと考えられて、多くの呪具や家具、宝物が納められた。さらに墓の中の壁には、王が共に生活する家族や従者たちの絵が多く描かれた。

古墳には、このような「死者が古墳の中で生活する」という発想はみられない。

二章で詳しく紹介するように（56ページ参照）、古墳の時代の前後の中国や朝鮮半島にも贅沢な王墓がみられるが、そこには王墓を人びとの守り神とする発想はない。亡くなった皇帝や王を手厚く葬るためだけに、手間をかけて墓づくりをしたのである。そのような墓づくりは、支配者の権威を人びとに知らしめるものだった。

古墳はもとは「古墳」と呼ばれていなかった

●明治時代の考古学者が「古墳」という言葉を広めた

明治時代に入ると、日本の大学などで、西洋の博物学の流れをくむ考古学の教育が始まった。それまでの日本には、体系立った考古学はなかった。「縄文土器」「弥生（弥生式）土器」「古墳」といったなじみ深い学術用語は、明治期につくられたものである。

江戸時代までは、古墳全体をさす適切な言葉もなかった。昔の天皇の御墓だけは、皇室を尊んで「みささぎ」とか「御陵《ごりょう》」「山陵《さんりょう》」と呼ばれていた。「みささぎ」は『古事記』や『日本書紀』にみえる古くからの大和ことばで、「陵」は「みささぎ」にあてた漢字である。皇室の御陵以外の土を盛った墓は、「塚《つか》」や「高塚《たかつか》」などのさまざまな呼び方をされていた。

江戸時代以前に、土を盛った古代の墓が「古墳」と呼ばれることもあった。だが江戸時代以前の人びとは、昔の墓をすべて「古墳」と呼んでいた。だからその時代の「古墳」は、古代の墓を表すものでもなく、盛り土をした墳丘《ふんきゅう》をもつ墓だけをさすものでもなかった。

明治三〇年（一八九七）頃に、八木奘三郎《そうざぶろう》という考古学者が、奈良時代に入る前の墓を古墳・塚穴・岩塚・石塚の四つに分類した。そして「高く土を築き上げて、その口が開かない墓」が古墳であると定義した。

現在は横穴式石室（203ページ参照）の入口が開けられて、石室の中に入っていける古墳もある。しかし古代には、横穴式石室の入口は厳重にふさがれていた。

八木奘三郎はこれと共に、有力な古墳が多くつくられた時代を「古墳時代」と定義した。これをきっかけに、考古学者の間に「古墳」という学術用語が広がっていったのだ。

●戦後「古墳時代」への注目が高まる

明治時代に「古墳」という学術用語ができたが、戦前には古墳に対する研究はあまり進展しなかった。その時代には、『古事記』や『日本書紀』の記事を史実とする風潮が強かったためである。日本古代史の研究者の多くが、次のように考えたのだ。

「考古学は、歴史書に書かれていないきわめて古い時代を研究する学問である。古代の歴史は文献からわかるのだから、『日本書紀』などに記された時代の考古資料は大して重要ではない」

そのため『日本書紀』などが描く、大和朝廷の歴史をふまえた部分は「大和時代」と呼ばれ、縄文時代と弥生時代の研究が考古学者の仕事とされていたのだ。

それゆえ、この時代の考古学者の研究は、古墳の外形の計測や、古墳関連の遺物の考察などに限られていた。

ところが、太平洋戦争後に日本古代史のあり方が大きく変わった。『日本書紀』などの古い部分の記述は、すべてただの伝承にすぎないと考えられるようになったのだ。そのため日本古代史の研究者は、「魏志倭人伝《ぎしわじんでん》」などの海外の文献や金石文《きんせきぶん》（金属や石などに記された文字資料）を手がかりに、三〜五世紀の史実を復元せざるを得なくなった。

こういった動きの中で、考古学者の中から、古墳を手掛かりに古い時代の歴史を考察する試みがなされるようになる。京都大学の小林行雄の研究は、そのような流れを代表するものであった。

かれは、古墳から出土する**三角縁神獣鏡**《さんかくぶちしんじゅうきょう》という大型の美しい銅鏡の広がりを手掛かりに、次のような新たな説を打ち出した。

「大和朝廷（ヤマト政権）は大王に従った各地の豪族に、三角縁神獣鏡を配布していた。そのため、時代ごとの三角縁神獣鏡の分布をみることによって、大和朝廷が勢力を拡大していった経緯を知ることができる」

三角縁神獣鏡についてはあとで詳しく解説するが（88ページ参照）、このような小林説をきっかけに古墳の形式、銅鏡、刀剣類、埴輪《はにわ》などの多様な考古資料をつうじて、大和朝廷の歴史を復元しようと試みる多くの研究が出されるようになった。

小林行雄は、世界史の中でみれば、国家統一の初期に有力な王墓が出現する例が多いとする。そしてそのうえで、日本における古墳の出現から拡大にいたる時期を「古墳時代」とした。その時代は、国家が生まれて統治が確立していく、日本史上の重要な時期だというのである。

単に古墳が多くつくられた時代を「古墳時代」とする八木奘三郎の説と異なり、この定義は、古墳の成立とまとまりを歴史の流れの上に位置付けたものであった。

そのため考古学者、次いで日本古代史の研究者が、小林行雄に従って好んで「古墳時代」という時代の区分を用いるようになった。考古学では、弥生時代に次ぐ三世紀末頃から六世紀末頃（二八〇年前後―五九〇年前後頃）を古墳時代とされることが多い。

古墳時代の次は飛鳥《あすか》時代になるのだが、私は五五〇年代あたりからを飛鳥時代とする立場をとりたい。古墳文化と呼ばれる日本伝統の文化に代わって、中国風の文化が広まった時代が飛鳥時代である。それゆえ、私は、仏教が日本に伝わったあたり（五五二年説と五三八年説がある）から、日本の文化は急速に変化していった点を重視したいと考えるのである。

なぜ、古墳といえば「前方後円墳」なのか

●古墳の9割は「円墳」である

古墳時代には、じつに多様な形の古墳がつくられた。単純な形の古墳としては、円形の

円墳と四角形の**方墳**が挙げられる。

この他に古墳下部を四角形に築き、その上に円形の盛り土をした**上円下方墳**もある。また八角形の古墳もあるが、有力な**八角墳**は何段かの墳丘を重ねた上部に八角形の墳丘を築く形をとっている。

単純なつくりをとる円墳は、さまざまな形の古墳の中で最も多くつくられた。日本の古墳の約九割が円墳である。

二つの墳丘をつないだ古墳として、**前方後円墳**、**前方後方墳**がよく知られる。これらは古墳の本体である故人を葬る円形や四角形の墳丘に、四角形の墳丘を付属させたものだ。

この他に、ほぼ同じ大きさの円形や四角形の墳丘をつないだ**双円墳**や**双方墳**もみられる。また、本体の円丘に付属する四角形の墳丘が大そう短く小さい特殊な形をしたものは、前方後円墳でなく**帆立貝式古墳**と呼ばれる。五世紀後半から広まる帆立貝式古墳は、前方後円墳より格下で円墳や方墳と同格の古墳だとされている。

さらに、三個の墳丘をつないだ古墳もある。それは、主体となる円形や四角形の墳丘の両側に、比較的小さな四角形の墳丘を付けたもので、それらは、**双方中円墳**、**双方中方墳**と呼ばれる。

この他に個性的な形をした古墳もあるが、特別の例外を除いて古墳の形は円形、四角形とその組み合わせから成るものである。これは、古墳の多くが精密な設計図に従ってつくられたことからくるものと考えてよい。

土師《はじ》氏と呼ばれる古墳づくりの技術者は、縄を張って正確な円形、四角形、三角形の形をつかんだうえで、地上に線を引いて古墳の形を定めた。そしてその設計図に従って、墳丘を築き上げていったのである。

●王家が「前方後円墳」を基本形と定めた

考古学者の多くは「前方後円墳が、古墳の最も基本的な形である」と考えている。あとで詳しく説明するように（74ページ参照）、二二〇年頃に築かれた最古の古墳とみられる奈良県桜井市**纒向石塚古墳**《まきむくいしづか》は、前方後円墳である。この纒向石塚古墳などの初期の古墳は、前方部が低く小さい特別な形をしている。そして、二八〇年頃に築かれた桜井市**箸墓古墳**《はしはか》以後のものが、完成形の前方後円墳といわれる。

このあと大王や有力な王族の墓は、箸墓古墳にならった形につくられた。そして王家に従った比較的有力な豪族たちも、王家の古墳の相似形の前方後円墳を築くようになってい

さまざまな古墳の形

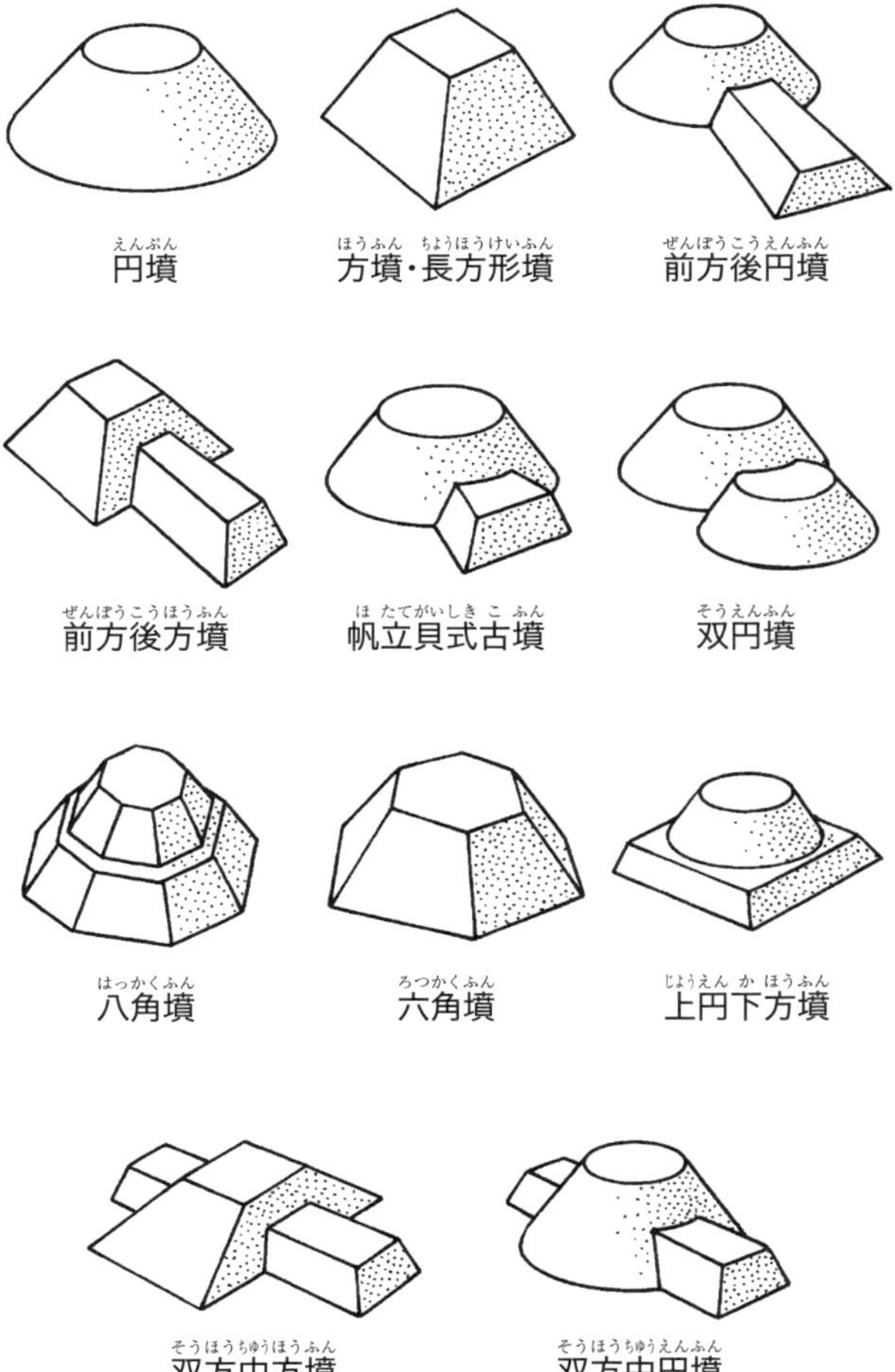
円墳《えんぷん》
方墳《ほうふん》・長方形墳《ちょうほうけいふん》
前方後円墳《ぜんぽうこうえんふん》
前方後方墳《ぜんぽうこうほうふん》
帆《ほ》立貝式《たてがいしき》古《こ》墳《ふん》
双円墳《そうえんふん》
八角墳《はっかくふん》
六角墳《ろっかくふん》
上円《じょうえん》下《か》方墳《ほうふん》
双方中方墳《そうほうちゅうほうふん》
双方中円墳《そうほうちゅうえんふん》

220年頃に築かれた纒向石塚古墳

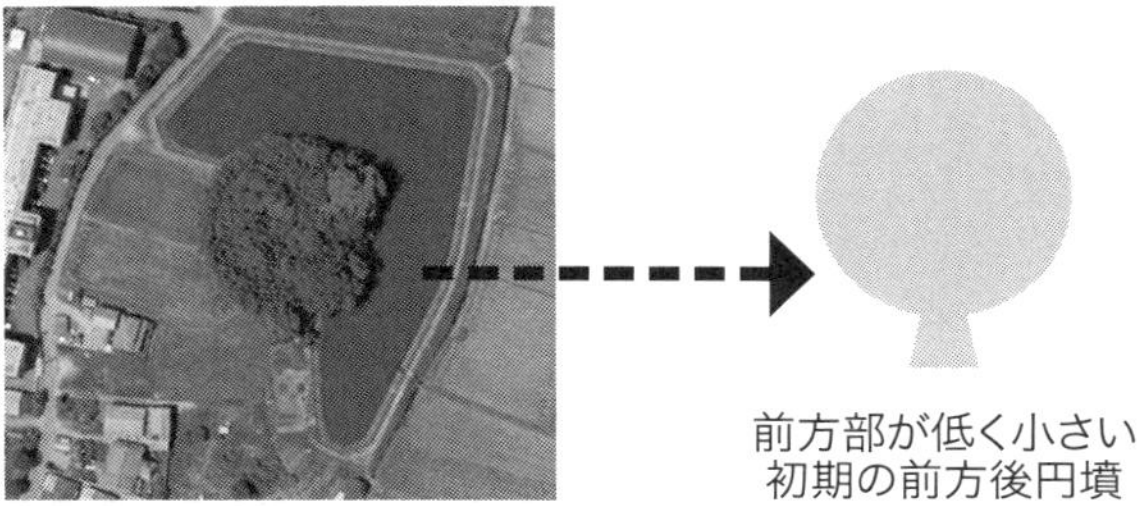

280年頃に築かれた箸墓古墳

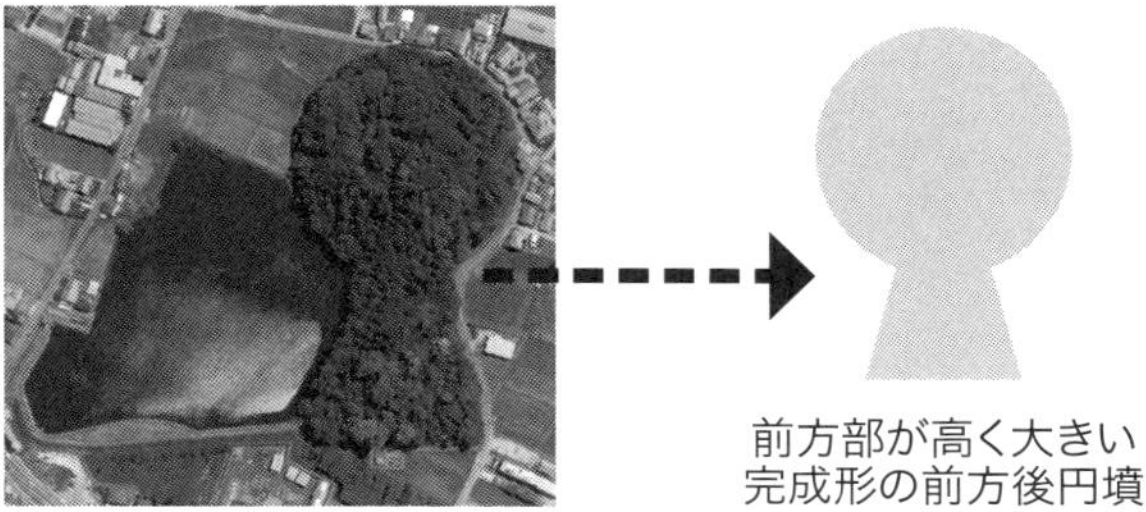

くのである。

この他に比較的早い時期から円墳が広がっているが、円墳には比較的小型のものが多い。そのために、前方後円墳を残した豪族より格下の、中流の豪族を中心とする人びとが円墳を築いたと考えられている（40ページ参照）。

古墳時代とは「前方後円墳にもとづく秩序が国家の基本を成した時代」と考える考古学者がかなりいる。**大王の指導のもとに、各地の首長が「首長のものにふさわしい共通の墓制」を創出した**というのである。

大王だけが大型で華やかな外見をとる前方後円墳をつくったとしても、それは大和の一地域特有の首長墓にすぎない。中央や地方の多くの豪族が、「大王をみんなの指導者に立てて一つにまとまろう」という強い意志のもとに共通の形式の首長墓を築いたことによって、前方後円墳が全国規模の広まりをみせたのである。

前方後円墳は、日本の統一に欠かせないものであった。つまりは、国王だけが巨大なピラミッドをつくることができたエジプトとは根本的に異なり、日本は小国を治めた首長の系譜をひく豪族間の対等の同盟を基本としてまとまった国だったのである。

●〝前円後方墳〟ではなく前方後円墳と呼ばれるのは?

前方後円墳は、被葬者の遺体を納める棺《ひつぎ》を囲む石室が納められた後円部を主体としている。その後円部に、被葬者のための祭祀の場である前方部を付けたものが、前方後円墳であった。

このつくりは、後ろ側に御神体を納める本殿(神殿)があり、その前に御神体を拝むための拝殿を置いた神社の形式に共通する。

私は、七世紀末頃に神社の建物がつくられるようになったときに、前方部で後円墳の被葬者の霊魂を祭る古墳にならって、神社に拝殿と本殿がつくられたのではないかと考えている。

しかし古墳を築いた古代の人びとが、古墳のどちら側を「前」、どちら側を「後ろ」と考えていたかはわからない。

はじめて「前方後円」という言葉を用いたのは、江戸時代の思想家の、蒲生君平《がもうくんぺい》（一七六八年―一八一三年）である。かれは尊王《そんのう》思想を説くと共に、各地を巡って過去の天皇、皇后の御陵を調査して『山陵志《さんりょうし》』（一八〇八年）を著した。この『山陵志』ではじめて「前方後円」の語が使われたのだ。

前方後円墳の中に、「茶臼山《ちゃうすやま》」「車塚《くるまづか》」「瓢簞山《ひょうたんやま》」などの名前で呼ばれるものがある。それらは、古墳の形にちなんで名付けられたものだ。蒲生君平は「車塚」の語から、前方後円墳は天皇などの貴人を乗せる車をかたどったものだと考えた。

そのため後円部は後ろの貴人の乗る部分で、前方部は前の「轅《ながえ》」という車の引き棒であるとして、「前方後円」の呼び名を採用したのである。

この「前方後円」の語が明治時代以後の考古学者にも受けつがれて、「前方後円墳」という言葉が広く用いられるようになっていった。

前方後円墳の形は、日本で独自に発生したものとみて間違いない。しかし、古代の日本に、前方後円の形を神聖視した例はみられない。

二章で詳しく説明するが、**前方後円もしくは前方後方の墳丘が、亡き首長のための祭祀を行なうのに、最も都合の良い形だった**と考えられる。

だから、はじめに王家に従った首長たちも、祭祀を効率よく行なうために前方後円墳をつくった。そして、前方後円墳がある程度広がった四世紀はじめ頃から「前方後円の形は、王家と同盟関係にある首長を権威づける特別のものだ」と認識されるようになったのであろう。

四、五世紀の時点で、地方にかなりの数の円墳が広まっている。しかし王家が、円墳を残した地方の中流豪族をすべて把握していたとは考えられない。

朝廷とつながりをもたない中流豪族が、独自に円墳を築くこともあったろう。また前方後円墳を残した有力豪族の配下の中流豪族が、有力豪族の許可のもとに前方後円墳より格下の円墳をつくることもあったろう。

王家は五世紀あたりまで、古墳をもつすべての豪族を把握していたのではなく、前方後円墳だけを規制していたと考えておきたい。

前方後円墳という古墳の基本形が変わるとき

●前方後円墳から「方墳」へ

前方後円墳は、四、五世紀における各地の有力豪族を権威づける役割をはたした。**前方後円墳は、大王を中心とする豪族連合の構成員に限って許されるものだった**のだ。

しかし、六世紀はじめ頃に、日本の古代社会に大きな変動が生じた。鉄製の農具が普及しはじめたことによって一部の農民が有力になり、それにともなう形で中小豪族の勢力も拡大した。

この動きの中で、古くから一地方の名門とされてきた豪族の中に地位を後退させる者もみられた。また王家の地方支配の進展や、有力豪族どうしの競争で衰退する者も出た。

前方後円墳を重んじる風潮は、六世紀なかば頃までは続いていた。しかし仏教伝来の前後に、王家は、大陸風の諸文化を取り入れたより高度な統治を指向するようになる。前方後円墳を築くだけでは、王家の権威は保てない。

それゆえ六世紀末に活躍した三一代**用明天皇**《ようめい》**（五八七年没）は、四角形を重んじる中国風の考えにたって大型の方墳を採用**した。用明天皇の大阪府太子《たいし》町河内《こうち》磯長原陵《しながのはらのみささぎ》は、東西約六五メートル、南北約六〇メートルの方墳である。このあとつくられた蘇我馬子《そがのうまこ》の墓なども、方墳になっている。

聖徳太子の父にあたる用明天皇は、熱心な仏教徒として知られる人物であった。かれは寺院を建立して仏教を広めることが、王家の権威づけになると考えたのだ。古墳の祭祀より、寺院を介して中国由来の有益な文化を得ることが重要だというのである。

四角形を重んじる中国の影響を受けた用明天皇の墓は、大型の方墳になった

●7世紀なかばに登場した「八角墳」

飛鳥時代前半には、仏教の知識と共に、中国固有の陰陽五行《いんようごぎょう》説に関する知識も日本に入ってきた。そこから陰陽五行説に立って、大王を中国の皇帝になぞらえて権威づけようという発想も生じた。

八角墳という新たな形式の古墳は、この陰陽五行説をふまえてつくられたものだ。中国では「八方」の語は、あらゆる方向をさす世界の広がりを象徴する言葉であった。そのため、日本で「世界のはてまで治める大王の墓には、八角形がふさわしい」とする考えが生じたのだ。

『万葉集』には、「八隅知之《やすみしし》」という大王の枕詞《まくらことば》がみえる。それは、八方つまり「世界のはてまでを治める尊いお方」を表す言葉である。

最初の八角墳は、七世紀半ばの舒明《じょめい》天皇の奈良県桜井市押坂内陵《おさかうちのみささぎ》である。これに次いで天武天皇の奈良県明日香《あすか》村檜隈大内《ひのくまのおおうちの》陵も、八角形に築かれた。

六七二年の壬申《じんしん》の乱で即位した天武《てんむ》天皇は、陰陽五行説に詳しい人物として知られる。かれは陰陽五行説に立つ中国の北極星信仰をふまえて、日本の君主の称号として北極星を表す「天皇大帝《てんこうたいてい》」の語をもとにした天皇号を採用してもいる。

古墳は「特別な墓」であり、「みんなの墓」でもあった

●大王、王族、豪族から古墳は始まった

古墳は、一つの集団が亡くなった首長を慕って築いた弥生時代の首長墓をもとにつくられた。弥生時代の首長墓については二章で詳しく説明するが、王家は弥生時代の首長墓を

もとに前方後円墳をつくり、それを各地に広めていった。

大和朝廷の本拠地である纒向《まきむく》（桜井市）では、二二〇年頃から纒向型前方後円墳という前方部の低い古墳がつくられていた。しかし考古学者たちは、それらを「完成形の前方後円墳以前の古墳」であると評価している。

ゆえに考古学者の多くは、二八〇年頃に築かれた桜井市箸墓古墳が、完成形をとる最古の前方後円墳だと考えている。この箸墓古墳がつくられたあと、箸墓古墳とほぼ同じ設計をとる古墳が、中央や地方に広がりはじめた。

大和朝廷の本拠地・纒向とその数キロメートル北方に築かれた**「おおやまと古墳集団」**（89ページの図参照）には、四世紀半ば以前につくられた全長二〇〇メートル以上の特別に有力な古墳が五基みられる。それらは大王と王家の巫女を葬ったものと推測できる（101ページ参照）。そして、このあたりにある全長一〇〇メートル以上の古墳は、王族や王家の配下の小首長のためのものであったとみられる。

三世紀末から四世紀にかけて、王家の本拠地以外に前方後円墳が広がりはじめた。それらの墳丘の設計や、円丘の頂上に設けられた竪穴《たてあな》式石室《せきしつ》（126ページ参照）を中心とする埋葬施設、銅鏡などの副葬品には一定の共通性があった。

そのため考古学者は、大和朝廷の発展の中で「定形の前方後円墳」が広がったと評価している。その事実は、大和朝廷と同盟関係にある首長たちが、大王の指導によって前方後円墳をつくりはじめたことを意味すると考えられている。

王家の本拠地で最も大型の古墳がつくられ、王家の指導のもとにおかれた中央や地方の豪族は、王家の古墳より小さく、かつその地位に見合った古墳をつくった。しかし当時の大和朝廷に、細かい身分制度はなかった。だから王家が、古墳の規格に関する細かい規定を定めていたとは考えられない。

四世紀に前方後円墳を築いた豪族たちは、自家の地位に応じてあれこれ忖度《そんたく》し、大王の古墳より小規模な前方後円墳をつくったのであろう。古墳は最初は、大王や王族、有力豪族を葬る特別の墓として出発したのだ。

●祖霊信仰の復活によって築かれた小型の古墳

古墳は、大王や豪族たちが、庶民をむりやり働かせてつくらせたものではない。古墳のあり方は、きわめて無秩序である。誰かの強い規制のもとに古墳づくりがなされたのであれば、日本でもエジプトのように大王の大型の古墳だけが築かれたに違いない。

古墳時代の農民たちは、前に説明したような首長霊信仰（17ページ参照）にもとづいて力を合わせて古墳を築いた。かれらは首長である大王や豪族の生前のはたらきに感謝して、亡くなった首長を神として祭ったのだ。

首長の遺体を古墳に納めて一定の祭祀を行なえば、自然の恵みが得られて豊かな稲の稔《みの》りがもたらされると、かれらは考えた。そのため、農民たちは農作業のない冬の時期に、土師《はじ》氏と呼ばれる王家に仕える技術者の指導に従って古墳を築いたのだ。

王家が各地に土師氏を派遣して古墳を広めたのは、確かである。しかし、首長だけが古墳に葬られることを望んでも、多くの人手が確保できなければ古墳はつくれない。

だから私は、このように考えている。

「古墳は、農民たちが自らの意思で首長霊の祭祀を行なうためにつくったものである」

四世紀あたりまでは、王家は、大和朝廷と同盟関係にある各地の豪族に限って前方後円墳をつくらせる方針をとっていた。当初は土師氏の設計技術なしには、精密な前方後円の形の土盛りができなかったと考えられる。

王家は、土師氏の派遣や三角縁神獣鏡などの中央の特産品の贈与を通して、地方豪族を組織していったのだ。そうであっても、前方後円墳の祭祀が地方に広がると、大和朝廷と直接交流のない首長に従う人びとも、古墳を築いて首長霊の祭祀を行なおうと考えたであろう。

かれらは、さまざまな形で地方豪族や朝廷から派遣された土師氏に学んで、円墳を築くようになった。したがって、

「大和朝廷の支配のもとで地方の円墳がつくられたのではないが、大和朝廷と何らかのつながりのある者が円墳を築いた」

という複雑な説明になる。しかし現実には、四～五世紀の大和朝廷と地方の諸集団との関係は、きわめてあいまいなものであった。

詳しいことは五章で説明するが、**群集墳**《ぐんしゅうふん》と呼ばれる小型の円墳の集まりが六世紀に各地に広まっている。それは、農民の家族墓としてつくられたものだ。一つの集落の農民が一冬の間協力して作業にあたれば、小型の円墳をつくるのはたやすい。考古学者は、六世紀に入ると各地の集落の依頼を受けて、古墳づくりを指導した技術者が現れたと推測している。

家族墓としての群集墳は、現代の「先祖代々の墓」のようなものではない。当時、家ごとに祖先祭祀をするという発想はなかった。

「一つの集落の祖霊たちが力を合わせて、集落を守る農耕神になっている」

このような考えが、弥生時代以来受け継がれていた。だから六世紀の農民たちは力を合わせていくつもの古墳をつくり、一家族ごとに先祖を祭って集落全体の豊作を願ったのだ。**農民は一方では首長霊信仰によって、豪族の古墳づくりに協力した。そしてもう一方では、自分たちの祖霊信仰の場として小型の古墳を築いた。**

二、三世紀の古墳誕生にいたる首長霊の祭祀の盛行の中で、祖霊の祭りは簡素になっていった。しかし、六世紀に入ると再び祖霊信仰がさかんになり、群集墳を広めたのである。

「〇〇天皇陵古墳」と「〇〇古墳」とは何が違うのか

●仁徳天皇陵古墳は「仁徳天皇の墓」なのか?

令和元年七月に世界遺産に登録された大阪府堺市の百舌鳥《もず》古墳群の中に、日本最大規模の古墳がある。それは「大山《だいせん》（大仙陵《だいせんりょう》）古墳」とも「仁徳天皇陵古墳」とも呼ばれる。仁徳天皇陵などの「〇〇天皇陵」とされる古墳は、正式には「陵墓」といわれる。

古くから皇室関係の墓は陵墓として、特別の保護がなされてきたのだが、現在、宮内庁の下の書陵部《しょりょうぶ》が管理する陵墓は全国に八九七か所ある。

この中に古墳時代の天皇陵が四一基、皇后陵が一一基、皇太子などの墓が三四基ある。つまり八六基の古墳が、発掘調査の許されない陵墓となっているのだ。

しかし、現在陵墓とされる古墳の大半は、江戸時代なかば以降になされた研究をふまえて、江戸幕府が幕末の文久《ぶんきゅう》年間から慶応年間（一八六一年—六八年）にかけて決定したものだ。明治政府はそのあと、江戸幕府の陵墓治定《じじょう》をおおむね踏襲した。

このような治定は、『日本書紀』『古事記』などに書かれた埋葬地にある大きな古墳を天皇陵と定めたもので、明治時代以降の考古学の成果を反映したものではない。陵墓の被葬者が、考古学などから確かめられたわけではないのだ。

七世紀末の新しい古墳であるが、奈良県高市《たかいち》郡明日香《あすか》村の野口王墓古墳は、天武天皇と持統天皇を合葬した檜隈大内陵《ひのくまのおおうちのみささぎ》とみて間違いない。

しかし、治定が疑わしいものもある。奈良県天理市西殿塚《にしどのづか》古墳は明らかに三世紀末頃の形式の古墳であるが、そこは六世紀前半の手白香皇女《たしらかのひめみこ》（継体天皇の皇后）の陵墓に治定されている。仁徳天皇陵（大山）古墳も、仁徳天皇の陵墓でない可能性が高い。仁徳天皇が亡くなったのは四三〇年代はじめだが、大山古墳は四五〇年頃の古墳だとされている。

実在したとされる天皇の治定陵墓

代	天皇名	日本書紀に出てくる陵墓名	考古学者の呼び名
10	崇神	山辺道勾岡上陵	行燈山古墳
11	垂仁	菅原伏見東陵	宝来山古墳
12	景行	山辺道上陵	渋谷向山古墳
13	成務	狭城盾列池後陵	佐紀石塚山古墳
14	仲哀	恵我長野西陵	岡ミサンザイ古墳
15	応神	恵我藻伏崗陵	誉田御廟山古墳
16	仁徳	百舌鳥耳原中陵	大山(大仙陵)古墳
17	履中	百舌鳥耳原南陵	上石津ミサンザイ古墳
18	反正	百舌鳥耳原北陵	田出井山古墳
19	允恭	恵我長野北陵	市ノ山(市野山)古墳
20	安康	菅原伏見西陵	古城1号墳
21	雄略	丹比高鷲原陵	島泉丸山古墳と島泉平塚古墳
22	清寧	河内坂門原陵	白髪山古墳
23	顕宗	傍丘磐坏丘南陵	
24	仁賢	埴生坂本陵	野中ボケ山古墳
25	武烈	傍丘磐坏丘北陵	
26	継体	三嶋藍野陵	太田茶臼山古墳
27	安閑	古市高屋丘陵	高屋築山古墳
28	宣化	身狭桃花鳥坂上陵	鳥屋ミサンザイ古墳
29	欽明	檜隈坂合陵	平田梅山古墳
30	敏達	河内磯長中尾陵	太子西山古墳
31	用明	河内磯長原陵	春日向山古墳
32	崇峻	倉梯岡陵	
33	推古	磯長山田陵	山田高塚古墳

※13代成務天皇、14代仲哀天皇、18代反正天皇、23代顕宗天皇、25代武烈天皇は実在した可能性は低い

●考古学の成果が古墳の年代を書き換える

そうであっても天皇陵とされた古墳が、江戸時代末から現在まで、特定の天皇の霊魂の祭祀の場とされてきたことを軽視すべきではない。神道が神社などを興して神を祭れば、神の霊魂がその神社に拠って人びとを守るとする考えをとるからだ。仁徳天皇陵は、のちに仁徳天皇の霊魂を合祀《ごうし》した墓とみればよい。

一九八〇年代前半あたりまでは、慣用によって「仁徳天皇陵古墳」の表記が用いられてきた。しかし考古学者の間から、

「〇〇天皇を葬った古墳でないところを、『〇〇天皇陵』と呼ぶのはいかがなものか」

という声が高まった。そのため、まず考古学の専門家が「大山古墳」のような名称を使うようになり、それが次第に一般に広がっていったのだ。

考古学者が特定の天皇の御陵とした大阪府高槻市《たかつきし》今城塚《いましろづか》古墳（継体天皇の御陵。207ページ参照）のような例もある。しかし考古学の発展によって、古墳の年代が変わることも多い。

そのため、本書は便宜上「大山古墳」のような名称を用い、必要によって「宮内庁は〇〇天皇陵と治定」などといった説明を添えることにした。

古墳の役割は三度変わっている

●古墳は〝おひとりさま用〟なのか

あとで詳しく説明するように（64ページ参照）、弥生時代の首長墓には複数の人間を葬った例が少なくない。しかし大和朝廷が、亡くなった初代の大王を祭るために纒向石塚古墳をつくったことによって、古墳は神聖な大王個人の首長霊を祭る場とされた。

そのため、それ以後の古墳は、原則として亡くなった首長一人だけを葬るものとなった。ところが、四世紀末もしくは五世紀はじめあたりから、男女二人を葬った古墳がいくつか現れてくる。だから、古墳を首長個人の墓とするこの原則は、比較的早い時期に崩されたと考えてよい。

共に葬られた男女を夫婦と考えたくなるが、九州大学の田中良之氏らによる歯の研究から、同じ古墳に葬られた男女の多くが近い血縁関係にあることが明らかにされた。

さらに人骨の出土状況から、同じ古墳に納められた男女は同時に葬られる例が多かったことも明らかにされた。そのため、兄妹もしくは姉弟の関係にあった二人の者を共に葬って、首長霊として祭った集団がいくつかあったことがわかってきた。

さらに五世紀なかばを過ぎると、「古墳は一人の人間を葬るものである」とする原則が次第に破られていった。あとで紹介する大山古墳には、大王を葬る後円部の石室の他に、かれと親密な関係にある近親者らしい人物を葬る前方部の石室がつくられていた。

そして、五世紀末から横穴式石室が普及していく。そうすると横穴に複数の人間を次々に葬る例が、多くみられるようになる。六世紀に現れる群集墳は、長期にわたって用いる家族墓としてつくられたものだ。

このようにみていくと、古墳が、一人のための墓から複数の人間を葬る墓へとじわじわと変わっていったありさまがわかってくる。

●前・中・後期で、それぞれ性格が異なる古墳

考古学では、古墳は**前期古墳**、**中期古墳**、**後期古墳**の三つに分類されている。三世紀はじめの二二〇年頃に古墳時代前期が始まり、四世紀末の三八〇年頃から古墳時代中期になる。そして、六世紀に入る五〇〇年頃から古墳時代後期とされるのである。

詳しいことはこのあと、それぞれの箇所で説明するが、**古墳時代前期、中期の古墳の役割と、古墳時代後期の古墳の役割とは全く異なっていた。**

古墳の変遷

時期	前期 （3世紀～4世紀なかば）	中期 （4世紀末～5世紀）	後期 （6世紀）
形態	前方後円（方）墳・円墳・方墳	前方後円墳の巨大化	関東および大王墓以外で前方後円墳の縮小・消滅、**群集墳**が急増
	竪穴式石室・石槨《せつかく》・**粘**《ねん》**土槨**《どかく》、割竹形木棺	竪穴式石室と長持形石棺、粘土槨、**横穴式石室**の出現	横穴式石室・横穴墓家形石棺
おもな副葬品	銅鏡、鉄剣・刀、玉類、碧玉製腕飾類	銅鏡、装身具、鉄製甲《かつ》冑《ちゅう》・武器、鉄素材、馬具	金銅製装身具・馬具・工具、日用品（**須恵器**《すえき》・**土師器**《はじき》）

前期、中期の古墳は「首長の祭祀を行なう特別の場」として営まれた。これに対して後期には、古墳の数が急激に増加した。それらの多くは「家族の墓」としてつくられたものだった。

古墳時代前期には、古墳は素朴な形をとる首長の祭祀の場であった。神々の祭りの場とされる丘陵や台地につくられることが多く、古墳には銅鏡、勾玉《まがたま》などの祭器が副葬された。

これに対して古墳時代中期の古墳は、政治的意図をもってつくられたといわれる。人びとの生活の場に近い平地に大型の古墳が築かれ、そこには被葬者のもつ軍事力を誇示する刀剣、甲冑《かっちゅう》、馬具などが副葬された。考古学者の多くは、古市や百舌鳥の巨大古墳は、外国の使者にみせるためのものであった（133、170ページなどを参照）と結論付けている。

古墳時代後期には、庶民を葬る群集墳が各地に現れはじめる。それと共に、大王や豪族の墓の規模は次第に縮小していった。

ここに示したような古墳のあり方は、それぞれの時代ごとの大和朝廷の性格の変化に対応しているのである。

古墳の始まりと終わり

●「古墳群」と「単独古墳」はどう違う？

ここまで「○○古墳」という言葉と「○○古墳群」という言葉を何度も使ってきた。ところで古墳と古墳群とは、どのように違うのであろうか。

箸墓古墳、大山古墳といった、個々の古墳の名称が○○古墳である。そして百舌鳥古墳群、古市古墳群のように、一か所にかなりの数の古墳が築かれたところが、○○古墳群になる。

古墳は一キロメートル四方から四キロメートル四方程度の区域に、まとまって築かれることが多い。これは、ある時期の王家や一つの豪族が、特定の墓域に次々に古墳をつくったことによるものである。

かつて四キロメートルを「一里《いちり》」と呼んでいた。人間の感覚では、ゆっくり一時間歩いて到達する距離が一里となる。近代以前の一つの村落の広さや、古代人の庶民のおおよその生活範囲は一里四方であった。つまり、古代人の目からみた一つのまとまった空間に、古墳群がつくられたことになる。

それゆえ、歴史の流れを考えるうえで、特定の集団が営んだ個々の古墳の集まりは「○○古墳群」と呼んでおくのが便利なのだ。

単に「いたすけ古墳」や「御廟山《ごびょうやま》古墳」と書かれても、どのような性格の古墳かはわからない。しかし「百舌鳥古墳群のいたすけ古墳」とあれば、大山古墳などがつくられた五世紀の、王家関連の方墳であることがわかる。

桜井市の纒向遺跡の中に築かれた古墳が、まとめて**「纒向古墳群」**と呼ばれることもある。それは「王家が最初に営んだ古墳群」と評価されるものだ。

大和の馬見《うまみ》古墳群は葛城《かつらぎ》氏関連の古墳群で、同じく大和の佐紀《さき》盾列《たてなみ》古墳群は春日氏が残した古墳群と考えられている（113ページの図参照）。**個々の古墳ではなく、このような古墳群の盛衰に目を向けると、一つの豪族の歴史がみえてくる**のだ。

●古墳の誕生と発展は大和朝廷と共にあり

前に説明したように、古墳は亡くなった大王や豪族を神として祭る首長霊信仰によってつくられた（17ページ参照）。古墳が誕生する前にも、各地で首長霊の祭祀のために独自の形式をとる弥生時代の首長墓がつくられてはいた。

これをふまえて大和朝廷の王家は、王家の祭祀にならった形の首長霊信仰を全国の首長に広めていくための古墳を生み出した。

このような企てを実現するために、まず二二〇年頃に前方後円墳の纒向石塚古墳が築かれた。そして二八〇年頃の古墳の完成形といわれる箸墓古墳の出現をきっかけに、箸墓古墳にならった古墳が急速に各地に広がっていった。

そのため**前方後円墳の広がりを手掛かりに、王家主導の豪族連合の広まり、つまり大和朝廷の勢力圏の拡大を知ることができる**のだ（53ページの図参照）。

王家を中心とした豪族連合の一員であった首長を葬った前方後円墳は、北は秋田県から南は鹿児島県にいたる範囲にみられる。この他に東北地方北端に、中央の古墳祭祀が後退した八、九世紀に独自につくられた円墳がある。

沖縄にも、宜野湾《ぎのわん》市の宇地《うち》西原《いりばる》丘陵《きゅうりょう》古墳群などの「古墳」と名付けられた史跡がみら

纒向古墳群の纒向型前方後円墳と箸墓古墳

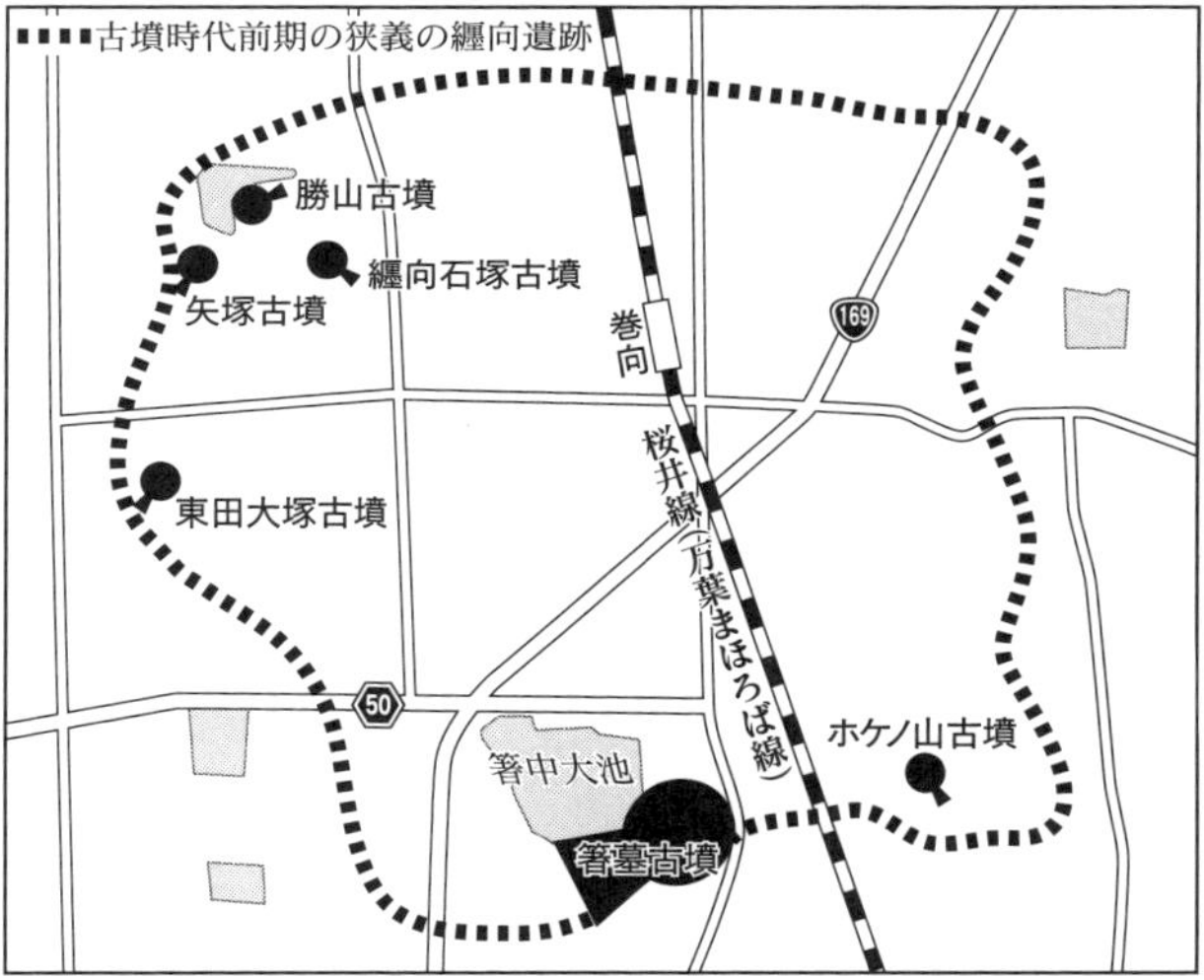

※寺沢薫氏作図より

		古墳名	全長	築造年代（推定）
纒向型前方後円墳	前期	纒向石塚古墳	約93m	220年頃
		矢塚古墳	約96m	230年頃
	後期	勝山古墳	約100m	250年頃
		東田大塚古墳	約96m	250年頃
		ホケノ山古墳	約90m	250年頃
完成形		箸墓古墳	約278m	280年頃

れる。しかし、それらは中央の古墳とは別の、岩穴墓などの沖縄独自の形式の墓からなるものである。

この他に、朝鮮半島のあちこちで比較的小型の前方後円墳がみつかっている（122ページ参照）。それらは北九州などから朝鮮半島に移住した豪族が残したものと考えられるが、その詳細はあとで詳しく解説しよう。

●仏教が古墳時代を終わらせた

古墳時代の終わりについて、最も簡単に説明すれば、このようになる。

「古墳は、中国文化が貴族層に広まっていく中で姿を消していった」

七一〇年に唐の長安の都にならった平城京がつくられて、貴族たちがそこで中国風の生活をするようになった奈良時代に、古墳が以前ほどには重んじられなくなっていったのだ。

首長霊信仰は、神道となって現代まで受け継がれている。しかし、奈良時代に入るすこし前にあたる天武天皇の時代に、各地の豪族の首長霊の祭祀の場は、古墳から神社へと変わっていった。

その背景としては、豪族の間に仏教が急速に広まったことがある。そして人びとは、亡

大和朝廷の勢力圏の広まり

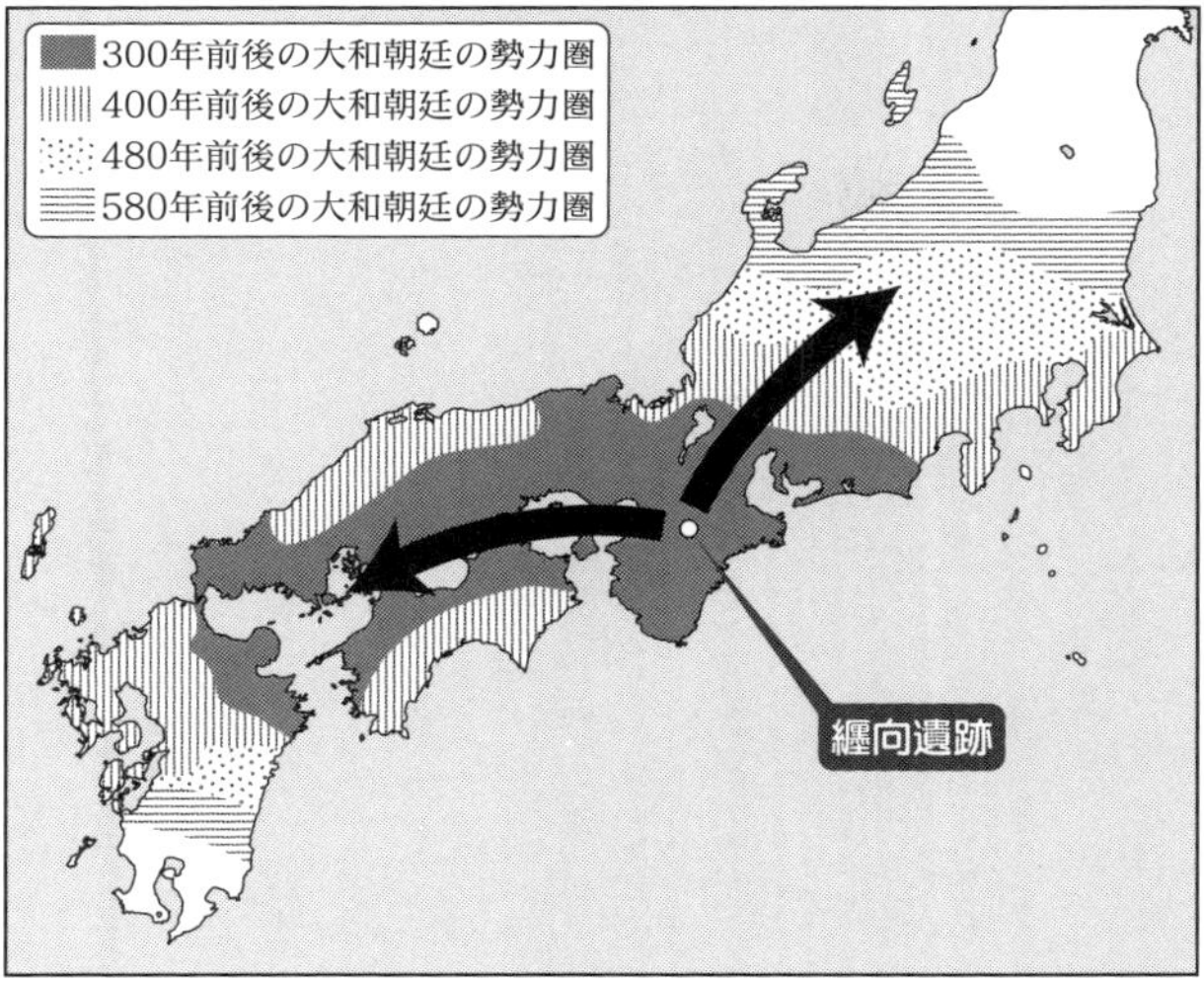

くなった人を祭る行為、つまり祖先供養は仏教の僧侶の仕事だと考えるようになっていったのだ。

聖徳太子の時代にあたる七世紀はじめ頃から豪族たちは氏寺《うじでら》をつくり、中国風の豪華な建物から成る寺院を古墳に代わる祖先供養の場とした。この流れを受けて、大化改新のときに、豪族の古墳づくりを制限する**薄葬令**《はくそうれい》（六四六年）が出された。

さらにそれから三〇年ほど経た天武天皇の時代に、寺院をまねる形で神々の祭祀の場とされた神聖な地に神社が建てられた。

皇室ではこのあとも、ある時期まで墳

丘をもつ墓がつくられていたが、それも次第に五輪塔《ごりんとう》などの仏教風の墓に変わっていった。しかし幕末になると、尊王論の高まりと共に、再び墳丘をもつ天皇陵が出現するようになった。

最も新しい天皇陵である昭和天皇の武蔵野陵と香淳《こうじゅん》皇后の武蔵野東陵は、上円下方墳の形式をとっている。

二章

大和朝廷の勢力拡大と前方後円墳の広がり

中国の始皇帝陵を「古墳の原形」とする説は本当か

●広大な陵園と墳丘を備えた始皇帝陵

中国では古くから「皇帝は、中国人の居住地も異民族の居住地も含めた世界全体の、唯一の支配者である」という考えがあった。このような発想をつくり出したのが、秦《しん》の始皇《しこう》帝《てい》である。かれは七つの国が並び立っていた戦国時代の中国を統一（紀元前二二一年）したあと、皇帝と称した。皇帝とは、それまでの中国の君主が用いた王号より上位におかれる称号であった。

これ以後は、中国以外の独立した国を治める君主は、皇帝より格下の王などとされた。そのため金印をもらった日本の奴国《なこく》王などは、皇帝の下の「王」とされることになったのである（64ページ参照）。

始皇帝は生前に、世界の支配者を葬るにふさわしい壮大な始皇帝陵を築かせた。

この始皇帝陵の墳丘は東西約三四五メートル、南北約三五〇メートルの台形につくられており、その高さは約七六メートルある。あとで解説するように、それは日本の大山《だいせん》古墳、エジプトのクフ王のピラミッドと共に「世界三大墳墓」と呼ばれるものである（183ページ参照)。

始皇帝は広大な陵園を設けて、そこにさまざまな施設を置いた。墳丘はこの陵園の一部に過ぎない。だが、始皇帝陵ができたために、秦朝の後を受けた漢《かん》朝でも、墳丘を備えた陵園の形式をとる贅沢な墓がつくられた。

前漢から新《しん》を経て後漢にいたる時代(紀元前二〇六年—紀元二二〇年)の有力者の墳墓は、皇帝陵を頂点とする一定の秩序のもとにつくられていたと考えられている。墳丘の高さ、陵園の広さなどに関する一定の規則があったと推測できるのだ。

中国の植民地であった楽浪郡《らくろうぐん》(今の平壌《ピョンヤン》のあたり)で、多数の漢墓が発見されている。その中には、「楽浪太守掾王光之印《たいしゅじょうおうこう》」が出土した王光墓もある。

その墓は楽浪郡の長官を葬ったもので、東西約一八メートル、南北約二七メートルの四角形の墳丘をもつ。これは、楽浪郡の古代の墳丘の中で最大級のものの一つだと評価されているが、その墳丘の規模は日本の小型の古墳と同程度のものにすぎない。

●朝鮮半島と日本で、異なる形式の王墓が発展した

朝鮮半島北部は、四世紀はじめまで中国の諸王朝の支配のもとにあった。その間に中国

では前漢、新、後漢の王朝が立ち、後漢が滅んだあとには魏《ぎ》、呉《ご》、蜀《しょく》の三国が中国を分割した。そして三国の対立をへて西晋《せいしん》の中国統一（二八〇年）がなされた。

しかし西晋朝は、政治の混乱によって急速に衰退していく。この動きの中で、中国東北地方を本拠としていた高句麗《こうくり》が南下して三一三年に楽浪郡を滅ぼした。

このあと朝鮮半島に百済《くだら》と新羅《しらぎ》がおこり、高句麗、百済、新羅の三国の対立の時代が訪れる。この三つの国の王家は、中国の勢力後退のあとで有力な王墓をつくりはじめた。

日本における古墳の発展も、このような中国の影響力の後退の中で考えねばならない。

交易で楽浪郡に赴いた日本の人びとが、そこで「王者の墓は土を盛ってつくる」とする発想を知ったことは確かである。

しかし、楽浪郡で中国の墳墓に対する規制がなされる中では、日本の首長は大規模な墳丘墓を築きづらかったのではあるまいか。

高句麗のものとみられる積石塚《つみいしづか》と呼ばれる形式の墳墓は、紀元前後からみられる。それは石を積み上げて墳丘を築いたものだが、その規模は小さい。

二世紀に入ると、高句麗に四角形に石を積み上げた大型の積石塚もみられるようになる。そして、これらの流れをうけて、五世紀はじめ頃に集安《しゅうあん》市の太王陵《たいおうりょう》や将軍塚などの高句麗の有力な王墓が出現した。

太王陵は東西約六二・五メートル、南北約六三メートル、高さ約五メートルの王墓である。また将軍塚は一辺約三二メートルの四角形のものだが、高さは約一三メートルある。そしてその内部には、長さ約一三メートルの横穴式石室が設けられていた。これらは前に挙げた楽浪郡の太守の墓（57ページ参照）より有力なものだと評価できる。

5世紀末の高句麗領と古代の墓

三九一年に日本と戦ったことで知られる高句麗の広開土王《こうかいどおう》（好太王《こうたいおう》、三七三年—四一二年）の墓は、太王陵か将軍塚のどちらかではないかといわれる。

百済の初期の王墓も、高句麗のものと同じ積石塚の形式をとるものだ。その中の石洞村墳墓群三号墳は一辺約五〇メートルという最大級の墳墓で、百済が朝鮮半島南西部を統一したあとの四世紀なかば、もしくは末のものとされている。

しかし、ここに紹介したような積石塚のつくりは日本の前方後円墳と全く異なる。しかも、その規模は日本の大王墓よりはるかに小さい。

陵園の中に墳丘をつくる中国皇帝陵や、石を積んでつくった朝鮮半島の王陵は、日本の前方後円墳とは別物であろう。それゆえ、このように考えざるを得ない。

「前方後円墳は、弥生時代の首長墓の発展をふまえて日本で独自に発展したものである」

支石墓、周溝墓をへて出現した「墳丘墓」

●弥生時代に現れた首長や巫女の墓

縄文時代には、誰もが平等の立場で共同墓地とされたところに葬られていた。ところが弥生時代に入ったあと、首長、巫女《みこ》といった一つの集落を指導した人間を葬る特別の墓が現れた。

多くの人手を用いて水田を維持して稲作を行なうには、信頼できる指導者が必要だったからである。そのような指導者は、祖霊である神の祭り手を務めながら、神に代わって人びとを慈しまねばならないとされていた。

そのため首長や巫女が亡くなったときに、首長や巫女を慕う集落の人びとが手間をかけた墓づくりを始めた。

このような経緯で、**支石墓**《しせきぼ》や**周溝墓**《しゅうこうぼ》が出現した。支石墓は墓の目印となる巨石を置いた墓で、周溝墓は故人を葬るための一定の範囲を「周溝」といわれる溝で囲んだものである。

朝鮮半島南部に支石墓がみられることから、朝鮮半島から来た移住者が支石墓を日本に広めたと考えられている。

縄文時代の遺体はそのまま土に埋められたが、死者を棺《ひつぎ》に納める習俗も弥生時代に朝鮮半島から持ち込まれた。弥生時代の墓地からは、石棺、木棺や大きな土器を用いた甕棺《かめかん》が出土している。支石墓はこのような棺を埋めた周囲に数個の支石を並べ、その上に平たい巨石を置いたものである。

一方、周溝墓は、日本で独自に生まれた習俗であるらしい。最古級の周溝墓の例として、弥生時代前期終わりの紀元前三世紀につくられた大阪府和泉市《いずみ》**池上曽根遺跡**《いけがみそね》の方形周溝墓が挙げられる。それは四角形の土地を囲む溝を設けて、溝の中心に設けられた埋葬施設に故人を葬ったものである。周溝の中には低い墳丘がつくられていた。

方形周溝墓はこのあと、弥生時代中期にあたる紀元前二世紀頃から、主に東日本に広まった。方形周溝墓の中心に墳丘がつくられてはいたが、墳丘が低かったために、発掘以前に墳丘が崩れて平地のようになった例も多い。

●古代日本人の「墳丘」へのこだわり

日本人は縄文時代から、山を自然をつかさどる精霊、つまり神の棲《す》み処《か》と考え、山の登り口などに祭祀《さいし》場を設けてきた。農耕に欠かせない雨の恵みは、山にいる水の神からの授かり物とされたのだ。

このような発想をふまえて、弥生時代の日本では、

「人工の小さな丘は、亡き首長が首長霊、つまり神となる場である」

とする発想が広がっていったと考えられる。

秦代、漢代の中国の墳墓や、その影響でつくられた高句麗の王墓では、墳丘が陵園の中に築かれていた。陵園は、継続して故人の祭祀を行なっていく施設である。そしてそこの墳丘は、陵園を構成する要素の一つにすぎなかった。

これに対して日本には陵園にあたるものはなく、首長を葬った墳丘が祭祀の場とされた。

墳丘墓の早い例の一つに、紀元前二〇年代頃のものとされる福岡市吉武高木遺跡《よしたけたかぎ》の墳丘墓がある。そこは「楽浪郡と交易した小国の一つが築いた王墓」だとされている。

この王墓の墳丘は直径約二八メートルの円形につくられており、そこからは中国製の銅鏡一面と銅剣など、朝鮮半島産の青銅製の武器が四本出土した。これは日本で祭器として用いられたものだ。

吉武高木遺跡は、北九州の小国と中国の前漢朝の植民地であった楽浪郡との貿易がさかんに行なわれた時期に営まれた。前漢の歴史を記した『漢書』は「倭国百余の国がしばしば楽浪郡に使者を送ってくる」と記している。

吉武高木遺跡を治めた首長は、楽浪郡との貿易を通じて「墳丘を築いて、そこに王者の遺体を葬る」発想にふれたのであろう。

楽浪郡との貿易が始まる紀元前一世紀後半以降、朝鮮半島から多くの青銅器が祭器として輸入されるようになった。それからまもなく、日本でも、青銅器の生産が始まる。この動きによって、北九州の小国の王墓である首長墓に銅鏡、銅剣などの青銅製の祭器が大量に副葬されるようになった。

北九州では、墳丘墓が出現した後にもさかんに支石墓がつくられていた。福岡県春日市《かすが》

須玖《すぐ》岡本遺跡から、奴国《なこく》の王墓とみられる一世紀なかばの有力な支石墓が発見されている。その墓は甕棺《かめかん》を埋めた上に、長さ約三・二メートル、幅約一・八メートル、厚さ約四〇センチメートルの巨石を横たえたつくりをしている。甕棺からは三〇面の銅鏡、銅剣などの青銅器が八本、勾玉《まがたま》、管玉《くだたま》（管状になっている玉）など多数の玉類が出土した。

『後漢書』という歴史書に、奴国を治めた首長が、五七年に後漢に遣使して奴国王に任命されたことが記されている。

須玖岡本遺跡は、この奴国の領域とされる福岡平野にある。それゆえ三〇面の銅鏡を出土した支石墓の被葬者は、奴国王の一人であったと推測されている。

奴国が栄えた時期と同じ一世紀なかばに、現在の佐賀市の東側にも有力な小国があった。その小国の姿をそのまま伝えるのが、佐賀県神埼《かんざき》市と吉野ヶ里《よしのがり》町にまたがる**吉野ヶ里遺跡**である。

この遺跡で、南北約四〇メートル、東西約二六メートルの楕円形に土を盛り上げた有力な墳丘墓がみつかった。そこからは、数十基に及ぶ甕棺が出土している。吉野ヶ里の首長を出す家筋が、複数あったのだろうか。そのような特定の家筋の家長とその近親が、何代にもわたってそこの墳丘墓に葬られていたのであろう。

弥生時代後期、墳丘墓は大きく発展した

●吉備に出現した有力な墳丘墓

時代がくだって一〜三世紀に、西日本でいくつか墳丘墓がつくられた。その時期は、弥生時代の中期から後期にあたる。

古代には、現在の岡山県と広島県東部とを合わせた、のちに「吉備《きび》」と呼ばれる範囲で、有力な豪族連合がつくられていた。その吉備の中の瀬戸内海の交易路を握る位置にある岡山平野では、二世紀末に有力な首長が出現していた。

岡山平野の豪族（首長）は、吉備の豪族連合を指導する立場にあったとみられる。かれらが残した墳丘墓が、岡山県倉敷《くらしき》市**楯築《たてつき》墳丘墓**である。

この楯築墳丘墓は、直径約四〇メートル、高さ約五メートルの円形の墳丘を本体とし、その本体の前後に、それぞれ二〇メートルの突出部（突起）がつくられていた。双方中円墳（29ページ参照）と似た形をした、このような墳丘墓を双方中円形墳丘墓という。

その突出部は本体の参道の役割をはたしていた。突出部を通って本体の墳丘の頂上に登り、そこで祭祀を行なうつくりになっていたのである。

岡山県倉敷市の楯築墳丘墓。
丘陵の右側頂上部に墳丘墓がある

墳丘の中央の地下には、木で囲った木槨《もっかく》が設けられており、その中からは鉄剣や勾玉《まがたま》を副葬した木棺が出土している。木棺の底には、お清め用に「朱」の顔料が厚く敷かれていた。この木槨が中心となる埋葬施設だと推測できるが、この他に墳丘の東部でも、一基の木棺がみつかった。

調査をさらに進めていけば、より多くの棺が発見されるのではないかといわれている。

●四つの参道をもつ出雲の墳丘墓

楯築墳丘墓は、突出部を合わせると全長八〇メートルで、弥生時代の首長墓の中で最大の規模のものだと評価されている。この楯築墳丘墓の出現の前後に、古代に出雲《いずも》と呼ばれた地域にも独自の有力な墳丘墓がみられた。

それは、**四隅突出《よすみとっしゅつ》型墳丘墓**と呼ばれる首長墓である。この墳丘墓は、四角形の墳丘の四隅に「突出部」と呼ばれる張り出しを付けた形をとっており、コタツかヒトデのような形にみえる。突出部は、墳丘の頂上に登って祭祀を行なうための参道の役目をはたすものであった。

四隅突出型墳丘墓は、二世紀はじめ頃に鳥取県の米子《よなご》市と大山《だいせん》町にまたがる妻木晩田《むきばんでん》遺跡に出現したものではないかといわれる。そこの墳丘墓は小型のものであったが、二世紀なかばに有力な四隅突出型墳丘墓が広まった。

四隅突出型墳丘墓

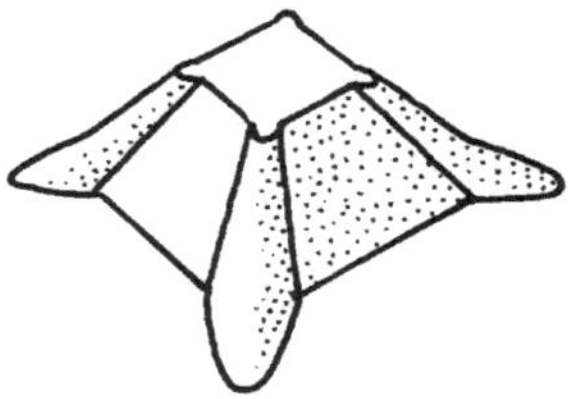

代表的な四隅突出型墳丘墓として、出雲市**西谷《にしだに》墳墓群**と、鳥取市**西桂木《にしかつらぎ》墳墓群**の墳丘墓があげられる。そこを治めた首長が、何代かにわたって墳丘墓を築いていたのである。
それらの有力な墳丘墓の祭祀遺跡からは、各地から持ち込まれた土器がみつかっている。
さらに西谷墳墓群の四隅突出型墳丘墓が、葺石《ふきいし》（白い石を墳丘の表面にきれいに並べたもの）や土器で美しく飾られた「みせる墓」であることにも注目したい。古墳に葺石は欠かせないものだが、出雲の墳丘墓の発掘によって、葺石を用いる習俗は出雲から広がったと考えられるようになった。

西谷墳墓群は、出雲大社の南東一〇キロメートルほどの位置にある斐伊川《ひいかわ》沿いの丘陵上にある。そこには、六基の四隅突出型墳丘墓を中心とする三〇基近くの墓がみられるが、その中の三号墳と九号墳がとくに有力である。

三号墳は二世紀なかばの首長墓で、縦約四〇メートル、横約三〇メートルの方形部を中心とするものである。また、二世紀末の九号墳は縦約四二メートル、横約三五メートルの規模をもつ。これによって、西谷の地に二代の有力な首長の墓と、その関係者の墓が営まれたありさまがわかる。

発掘調査によって、西谷墳墓群三号墳から、八基の棺がみつかった。その中には、豪華な副葬品をもつ棺が二基含まれていた。人骨の鑑定によって、それらの一方が男性、もう一方が女性であることが明らかにされた。これによって三号墳は、二世紀なかばに西谷を治めた首長と、巫女を中心とした有力者たちを葬ったものだったとされた。

これまでに述べてきたように、吉備の楯築墳丘墓と出雲の西谷墳墓群の四隅突出型墳丘墓には、大和の発生期の古墳と共通する要素がいくつもみられるのである。

奈良の纏向石塚古墳は「最古の古墳」なのか

●何をもって「古墳」とするのか

弥生時代の墳丘墓の実態がわかってくるにつれて、「古墳とは何か」という大きな疑問が浮かび上がってきた。かつては「箸墓《はしはか》古墳のような大型古墳は、何の前触れもなく出現した」と考えられていた。そのため、

「大和朝廷の王家が、あるとき突然、巨大な墳丘をもつ古墳をつくりはじめた」

といった説明がなされていた。

しかし次第に、弥生時代にすでに多くの墳丘墓が存在したことが明らかになる。しかも箸墓古墳より古い古墳もいくつか発見された。それらの発掘調査が進むにつれ、古墳出現の前夜とも呼ぶべき二世紀なかばの墳丘墓は、すでに古墳特有の要素の多くを持ち合わせたいたことがわかってきた。

しかも、墳丘墓ができた弥生時代の終わりの時期からすべてが変わったわけでもない。考古資料からみる限り、**弥生時代の首長墓が次第に発展してきて、吉備の楯築墳丘墓や出雲の西谷墳墓群のような首長墓を生み出した**と考えざるを得ないのである。

考古学者の都出《つで》比呂志氏（大阪大学）は、周溝墓が発展していって、前方後円墳などのさまざまな形の古墳や墳丘墓になったのではないかとする説を出している。

左の図に示したように、まず円形周溝墓があり、次にそれに一か所の出入口がつくられる。そして出入口となる周溝の切れ目が突起に代わり、そこに墳丘ができて、これから説明するような纒向型前方後円墳が生まれる。このようにして現れた纒向型前方後円墳が、完成形の前方後円墳に発展していったのである。

さらに円形周溝墓に二か所の出入口をつくったものが、吉備の楯築墳丘墓のような二突起円丘墓になった。そして四か所の出入口を設けた方形周溝墓から、出雲の西谷墳墓群にみられるような四隅突出型墳丘墓ができたとみてよい。

だから、ここに示したような想定をすれば、**さまざまな形の古墳の大もとは、弥生時代に生まれた日本独自の周溝墓に行き着く**ことになる。

●考古学者ならわかる、古墳と自然の丘陵との違い

古墳の誕生について説明する場合、絶対に避けて通れない二つの重要な問題がある。一つは**古墳と自然の丘陵との見分け方**、もう一つは**古墳がつくられた年代の決め方**である。

前方後円墳ができるまで

①円形周溝墓

紀元前3世紀〜4世紀頃

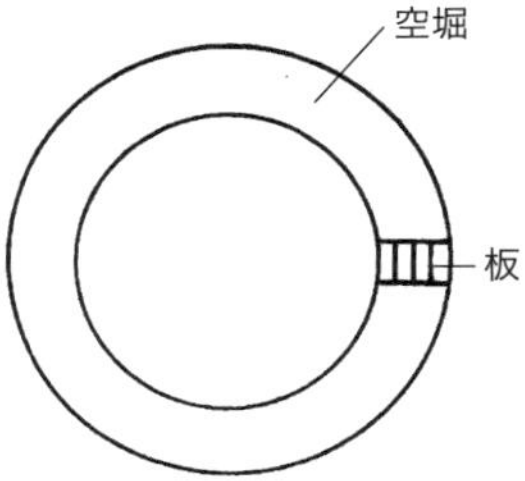

②出入口をつけた円形周溝墓

紀元前2世紀〜4世紀頃

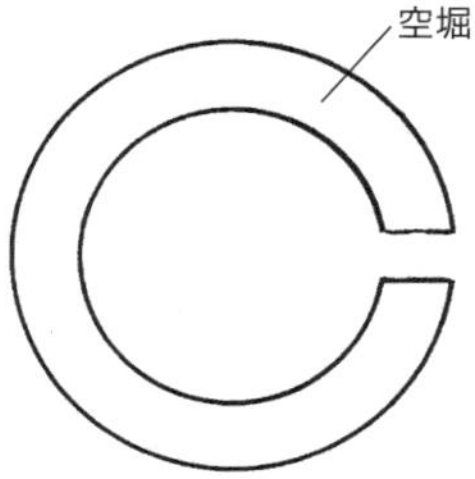

③纒向石塚古墳

220年頃

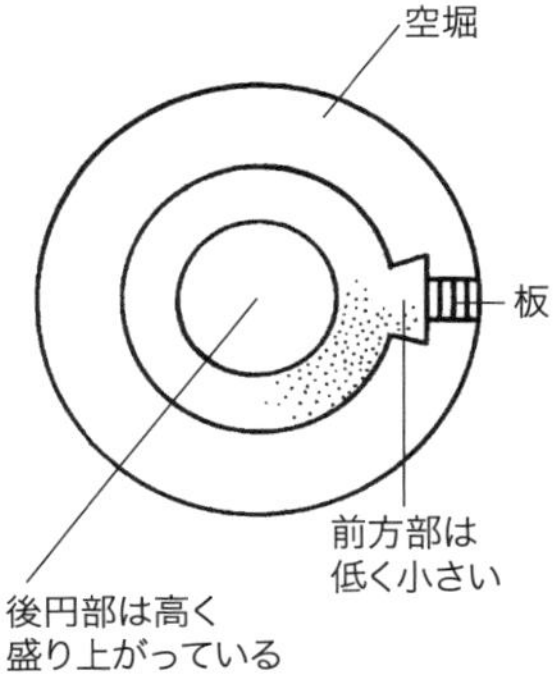

**いわゆる纒向型
前方後円墳**

④箸墓古墳

280年頃

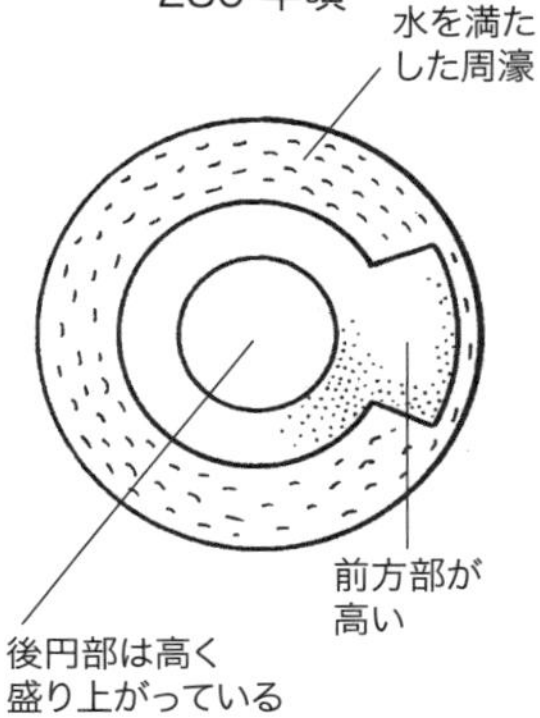

**これが前方後円墳の
完成形になる**

※93ページの都出比呂志氏の説に拠って作図した

二つ目の問題に関しては、個々の古墳の年代が重要な要素になる三章の記述の中で解説しよう。

小型の古墳に似た小さな丘陵は、日本全国にいくらでもある。日本最大の古墳である大《だい》山《せん》（仁徳天皇陵）古墳のような形をした丘陵も、探せばみつかる。

平成三〇年（二〇一八）に、九州の「豊《とよ》の国古代史研究会」という団体が、福岡県赤《あか》村の前方後円形の自然の丘陵を「卑弥呼の墓」だと発言して話題を呼んだことがある。その丘陵は、大山古墳（全長約四八六メートル）に近い約四五〇メートルの長さをもっていた。しかし「そこを発掘したい」と、名乗り出る考古学者の専門家は出なかった。

長年にわたって発掘に携わってきた考古学者は、容易に古墳と自然の丘陵とを見分けられるという。考古学者の松本武彦氏は、自然の山の斜面と古墳の墳丘の斜面とは角度が違うから、すぐにわかると記している（『古墳入門』講談社刊）。

松本氏は「古墳の斜面は不自然に急で、なおかつ勾配《こうばい》が均等」だといっている。松本氏が山の斜面と不自然な斜面との境目をつないだ図をつくっていくと、それがきれいな円形、前方後円形などになる場合が多い。このようにして、かれは古墳を発見するというのだ。

かつて私は、奈良国立文化財研究所の方々に、平城宮跡の発掘現場を案内してもらったことがある。そのときに、一人の発掘担当者が、見学者たちの目の前で地面に円形を描いて「ここに柱穴がある」と語った。

土の色のわずかな違いで、奈良時代の地面とそうでないところの違いがつかめるというのだ。だからこのあと、平城京の建物が壊された後に柱穴に落ちた土などの堆積物《たいせきぶつ》を少しずつ削っていって、柱穴の正確な形を見極めるというのである。

発掘経験のない私には、柱穴のあったところの地面とそうでないところの地面との違いが全くわからなかった。かつては、このような考古学者の職人芸によって古墳が発見され、発掘されてきたのである。

しかし現在はデジタルの地理情報を手掛かりに、古墳や中世の城跡を発見する新たな方法も用いられるようになった。国土地理院のウェブサイトで利用できる「傾斜量図」という、便利なものがつくられたのだ。

その図では傾斜が緩《ゆる》いほど白く、傾斜が急なほど黒く表示される。だから傾斜量図をていねいにみていくと、古墳の形がはっきりと図上に黒っぽい色で浮かび上がったところがみつかるのである。

さらに一定の範囲が黒い色で囲まれている場所は、人工的な城壁や堀、土塁を巡らせた中世の城跡ではないかと推測できるという。

●吉備の墳丘墓が纒向石塚古墳の原形

私は纒向石塚古墳は、二二〇年頃につくられた日本最古の全長九三メートルの中型の前方後円墳だと考えている。しかし、このあと（93ページ参照）で説明するように、考古学者の多くは、そこを「古墳成立以前の前方後円形の墳丘墓」だとする。

これから記すように、纒向石塚古墳は、吉備の墳丘墓と共通する要素をいくつももつ。

まず、纒向石塚古墳の周濠《しゅうごう》は、後世のものと異なる特殊なつくりをしている。後円部を囲む部分の周濠は約二三メートルの幅があるのに、前方部の端の周濠は約四メートルの幅しかない。

さらに古墳の前方部が低く小さく、後円部に続く形をとっている。周濠の外から前方部に板などを架けて橋にすれば、後円部の頂上に登っていけるつくりになっているのである。

このような箸墓古墳以後の古墳と全く異なるつくりは、墳丘の本体に張り出しの部分を付けた吉備の楯築墳丘墓にならったものだと評価してよい。

纒向石塚古墳で「朱」という赤色の顔料がお清めに用いられている点でも、吉備の墳丘墓と共通する。

纒向石塚古墳が吉備の墳丘墓をまねてつくられたことは、間違いない。この点を手掛かりに、私は、**吉備から大和に移住した集団が纒向遺跡をひらいた**と考えている。

いったいなぜそういえるのか。

纒向遺跡は、二二〇年頃に出現した一平方キロメートルの広さをもつ、三世紀の大和でずば抜けて有力な遺跡である。纒向遺跡より前の、大和で最も規模の大きい柳本《やなぎもと》町の唐《から》古《こ》・鍵《かぎ》遺跡の広さは、〇・二五平方キロメートルにすぎない。

纒向遺跡成立以前の奈良盆地の南東の外れにある纒向の地には、目立った弥生時代の遺跡はみられない。この点から、纒向にもとからいた集団ではなく、よそからの移住者が纒向遺跡をひらいたと考えるべきだろう。

その移住者を指導した首長を葬った首長墓が、纒向石塚古墳であった。そうすると吉備から来た首長が纒向の地を開発して、吉備の墳丘墓にならったつくりの古墳に葬られたとみるべきではあるまいか。**纒向という新たな土地を治めた首長は、自分と吉備に留まった首長たちとを区別するために前方後円墳という新たな形式の首長墓をつくり、そこを王家を守る首長霊の祭祀の場とした**のだろう。

私は、纒向遺跡と前方後円墳の出現は、大和朝廷（ヤマト政権）の誕生を意味するものと評価できると考えている。そのあたりのことは、三輪山の祭祀などと絡めて次項で詳しく説明していこう。

最古の大型古墳「箸墓古墳」は、三輪山を祭った巫女の墓

●箸墓古墳につながる3世紀なかばのホケノ山古墳

纒向遺跡の中には、六基の古墳がある。その中の箸墓古墳を除いた五基の古墳は「**纒向型前方後円墳**」と呼ばれている（51ページの図参照）。

纒向石塚古墳がつくられたあと、地方でいくつか纒向型前方後円墳が築かれていた。このような古墳の広まりと同時期に、銅剣、銅鐸《どうたく》といった弥生時代特有の祭器が次第に姿を消していった。ゆえに私は、纒向型前方後円墳の出現が首長霊信仰を大きく変えたとみている。

纒向型前方後円墳は、その形によって「**前期纒向型前方後円墳**」と「**後期纒向型前方後円墳**」とに分けられている。二二〇年頃にできた**纒向石塚古墳**と二三〇年頃の**矢塚《やづか》古墳**が、

前期纒向型である。

そして二五〇年頃に築かれたとされる勝山《かつやま》古墳、東田大塚《ひがしだおおつか》古墳、ホケノ山古墳の三基が、後期纒向型になる。これまでに五基の纒向型前方後円墳の中の、纒向石塚古墳とホケノ山古墳の二基が、考古学者の調査を受けた。

そのうちのホケノ山古墳の調査から、その古墳に、箸墓古墳以後の大型古墳につらなる要素がいくつかみられる点がわかってきた。前期纒向型古墳は、参道の前方部と本体の後円部とを別物とする発想から、前方部を低くつくり、そこと後円部との境を明らかにしていた。

これに対してホケノ山古墳では、前方部と後円部の間に連結部がつくられている。ホケノ山の前方部は後円部より低いが、そこのつくりには「前方後円形という新たな形の首長墓を設ける」という意識がみてとれる。

ホケノ山古墳のつくりや全体の規模は纒向石塚古墳とそう違わないが、ホケノ山古墳では〝みせる古墳〟としての新たな要素がいくつか加わっている。

纒向石塚古墳は、特別な日に首長霊の祭祀を行なう場としてつくられたのであろう。これに続いてホケノ山古墳では、美しい石を並べた葺石《ふきいし》や土器の壺で墳丘を飾ってみせるという要素が加えられた。

これは纒向遺跡の住民や、遠方から交易で纒向を訪れる人びとに「あの古墳に、纒向の地を守る首長霊がおられる」と宣伝するものであったろう。

考古学者の多くは、ホケノ山古墳などの造営のときに、出雲の西谷墳墓群の首長墓の葺石で墳丘を飾る習俗にならって、葺石を用いるようになったと考えている。

墳丘の表面の調査によって、後期纒向型古墳の勝山古墳と東田大塚古墳にも葺石が用いられたことがわかっているが、これに対して、前期纒向型古墳である矢塚古墳には葺石が無かったことが確かめられている。

三基の後期纒向型古墳がどのような順番でつくられたかは、明らかではない。しかし最初の後期纒向型古墳の出現は、古墳の権威を高めるものであった。

矢塚古墳は、纒向石塚古墳に葬られた最初の大王と共に大和朝廷を指導した巫女の墓だったのであろう。そして三基の後期纒向型古墳は、かれらに次ぐ第二世代の大王と巫女の墓とみてよい。これに次ぐ**第三世代の巫女のために、最初の大型古墳である箸墓古墳がつくられた**のである。

●箸墓古墳に葬られた倭迹々日百襲姫とは

『日本書紀』などの記述によって、一〇代の天皇とされる崇神《すじん》天皇（43ページの図も参照）のときに大和朝廷が急速に発展したありさまがわかる。御間城入彦《みまきいりひこ》の実名をもつ崇神天皇は、三世紀末から四世紀はじめにかけて活躍した人物で、実在がほぼ確実な最初の大王だといえる。

この大王を補佐した巫女は、崇神天皇の大叔母の倭迹々日百襲姫《やまとととひももそひめ》であった。『日本書紀』などには、彼女が三輪山《みわやま》の神である大物主神《おおものぬしのかみ》の妻となって神を祭ったという伝承が記されている。

三輪山は纒向のすぐ東方にある山で、そこの神は纒向の人びとに水の恵みを授ける神とされていた。王家は五世紀末まで、そこの神を王家の祖先神である首長霊として祭っていた。亡くなった大王の霊魂は三輪山に行って首長霊の神となり、必要に応じて身近にある古墳に降りてきて人びとを助けるとされたのだ。

三世紀末に、崇神天皇が王家の巫女が主導する形の三輪山の祭祀を整備したことによって、大王の宗教上の権威が大幅に高められたと考えられる。そのため**崇神天皇は、年長で自分より早く亡くなった倭迹々日百襲姫の功績を顕彰するために、箸墓という大型古墳を**

つくらせた。

特殊器台と特殊壺

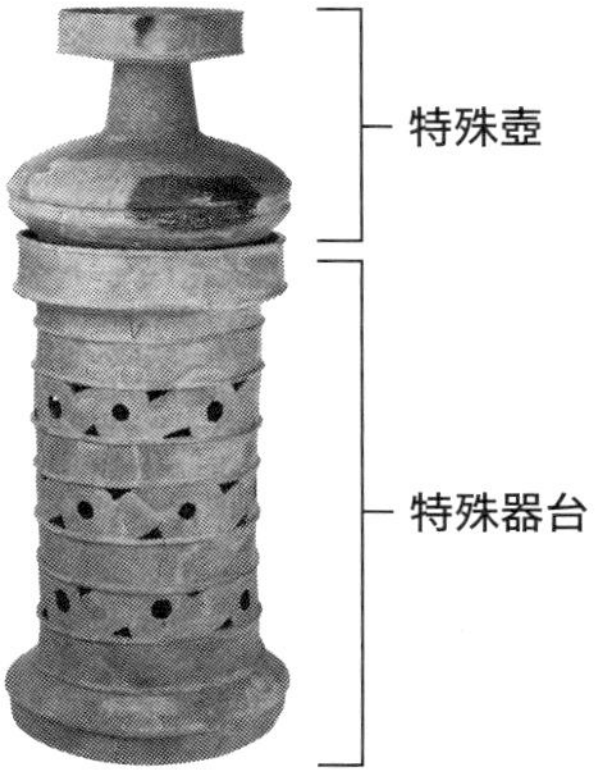

この箸墓古墳は、各地で行なわれてきた墳丘墓の祭祀の特性を多く取り入れる形でつくられた。具体的にみてみよう。

箸墓古墳の墳丘には、装飾を施した円筒型の台と底の無い壺とを組み合わせたものが多く飾られた。**特殊器台**《きだい》、**特殊壺**と呼ばれるその特徴的な土器は、吉備の首長墓に多くみられるものである。

さらに箸墓古墳に並べられた葺石は、出雲の首長墓にならったものとみてよい。この他にも、東国、播磨《はりま》（兵庫県）などで築かれた墳丘墓のさまざまな要素が、箸墓古墳には取り入れられている。

このような箸墓古墳は「各地の首長墓の要素の集合体」と評価されている。銅剣などを用いた弥生時代風の祭祀が消えていくとともに、新たな古墳祭祀がつくられたのだ。

「魏志倭人伝」に記された卑弥呼の墓はどこにあるか

●箸墓古墳とそれ以前の墓とを分けるもの

王家は各地の多様な習俗を取り込んだ新たな古墳をつくり、それを全国に広めていこうと考えた。その後、大和朝廷を中心とする豪族連合に加わった中央や地方の豪族によって、次々に前方後円墳が築かれるようになっていった。

日本には大小合わせて四七〇〇〇～四八〇〇〇基ほどの前方後円墳があるが、すべての前方後円墳の原点が、この箸墓古墳にある。

箸墓古墳築造のときに、古墳に重要な要素がいくつか加えられた。巻向《まきむく》川（89ページの図参照）から古墳に導水路がつけられ、墳丘は「水を満たした外濠」と「それより狭い内濠」との二重の周濠で囲まれた「神聖な空間」とされたのだ。

さらに墳丘全体が高く築かれ、そこは簡単に入れない神の領域とされた。**古代に三輪山は神が住む禁足地とされていたが、箸墓古墳は小型の三輪山のように扱われるようになった。**自動的に、纒向型墳丘墓にみられたような、前方部を参道とする発想は過去のものとされたのである。

このような墳丘は五段のつくりをとり、平面となったところにはびっしりと白い葺石が敷かれていた。それをみる者は誰もが、そこを神聖な地と感じたのであろう。

『古事記』に崇神天皇が四方に四道将軍を送り、各地の豪族たちを従えたとする伝説が記されている。これはただの伝説であろうが、箸墓古墳ができた崇神天皇の時代から、王家が古墳づくりを介して各地の豪族に対する統制を強めたことに対する記憶から、このような話がつくられたのではあるまいか。

●候補地はあるものの決め手に欠ける

邪馬台国をめぐる謎の一つに、次のようなものがある。

「『魏志倭人伝』に記された、卑弥呼の巨大な墓はどこにあるのか」

考古学者の中には、箸墓古墳を卑弥呼の墓と考える者もいる。また「邪馬台国大和説」をとる者の中から、ホケノ山古墳を卑弥呼の墓とする説も出されている。確かに、二五〇年頃のホケノ山古墳の年代は、二五〇年頃に亡くなった卑弥呼の年代と合っている。

これに対して「邪馬台国九州説」の研究者からは、吉野ヶ里遺跡のどこかに卑弥呼の墓があったとか、宇佐《うさ》神宮（大分県宇佐市）に卑弥呼の墓がつくられたといった意見が出ている。

しかし現在のところ、特定の古代の墳墓が卑弥呼の墓であることを裏付ける決定的な証拠は出ていない。

箸墓古墳以降、古墳は「首長霊継承の場」になった

●新たな巫女や首長は「首長霊」の守りを受ける

古代の皇室には、皇女の一人を斎宮《さいぐう》として伊勢に送り、天照大神《あまてらすおおみかみ》の祭祀にあたらせる習俗があった。この斎宮は天照大神の妻として扱われた。

このような斎宮のもとを辿《たど》っていくと、大物主神の妻として祭祀を行なった倭迹々日百襲姫《やまとととひももそひめ》に行き着く。彼女の時代には、神託を受ける王家の巫女《みこ》は、大王と並ぶ権威をもっていた。

したがって大王が、巫女が受けた神託に従って行動する場面も、少なくなかったとみてよい。『日本書紀』などに、大和に疫病《えきびょう》が広がったときに、倭迹々日百襲姫が受けた神託に従って崇神天皇が大物主神を祭った話がある。

四世紀なかば頃までは、王家の巫女が大王と並んで朝廷を指導していたことは確かだ。だから最初は、大王と王家の巫女のために大型古墳がつくられたと考えられる。

古墳が誕生した時期の人びとは、このように考えていた。

「私たちは、私たちを指導する首長の祖先である首長霊に守られている」

まず、首長の親族から選ばれた巫女が首長霊の神託を受ける。そしてそのあと、首長が巫女の指示に従って政治を行なう形がとられたのだ。「魏志倭人伝」に、邪馬台国の女王卑弥呼が死者を祭って国を治めており、彼女の男性の弟が女王を補佐しているとある。

また、卑弥呼は御殿の奥で暮らしていて人前に姿をみせないとも記している。彼女の身の回りの世話をしたり、彼女の言葉を人びとに伝えたりするのが、弟の役目だというのである。

紀元前一世紀後半から四世紀なかば頃、つまり弥生時代中期から古墳時代はじめにかけての日本各地の小国では、「魏志倭人伝」が伝えるような、巫女と首長との二人の手による政治がひろく行なわれていたのであろう。

そのため、巫女と首長のいずれか一人が亡くなったときには、ただちに後継者を決める必要があった。後継者の候補者は、一つの集団の守り神である首長霊に正統な首長の後継者として認めてもらったうえで、首長霊の守りを受けねばならなかったのだ。

箸墓古墳などの王家関連の古墳は御陵に治定《じじょう》されているため、発掘によって被葬者が男性なのか女性なのかを知ることができない。

しかし国内には、巫女と思われる女性を葬った古墳がかなりある。四世紀末の熊本県宇土市**向野田古墳**《むかいのだ》や五世紀の京都府丹後市**大曾古墳**《おおそ》はその例である。

そのため、考古学者の中には「箸墓古墳がつくられたあと、古墳は、平素は山にいる首長霊を墳丘に招いて、新たな巫女や首長の守り神になってもらう『首長霊継承の儀式』の場とされた」という考えをとる者が多い。

●前方後円墳の墳丘で行なわれた首長霊継承の儀式

四世紀なかば以前の古墳や、弥生時代の墳丘墓の墳丘の上で、これまでに多くの祭祀関連の考古資料が発見されてきた。それらによって、古墳は巫女や大王の没後につくったものでなく、「寿陵《じゅりょう》」と呼ばれる生前から築造された墓だと推測されている。

考古学者の寺沢薫氏（橿原《かしはら》考古学研究所）は、考古資料や皇室の祭祀を手掛かりに、前方後円墳の墳丘で、次のような首長霊継承の儀式が行なわれていたと推測した（『王権誕生』

講談社刊）。このような祭儀の流れをひく真床御衾《まどこおふすま》の儀式は、皇室が皇位継承の際に行なう現在の大嘗祭《だいじょうさい》の中にもみられる。

（1）古墳の後円部の頂上の棺を納める墓壙《ぼこう》を開けて、その上に儀式の場となる簡単な建物をつくる。

（2）新月の夜に葬儀を行なう。殯屋《もがりや》に安置していた故人の遺体を運んできて、それを大量の朱を敷いた木棺の中に横たえ、遺体の周囲に呪力をもつ銅鏡を大量に納めて葬儀の準備をする。このあと棺の上に、絹などでつくった布の覆いが掛けられる。

（3）後継者は身を清め、墓壙の中に入り、棺の横に設けられた神聖な寝床に横たわる。

（4）前の大王の遺体には、のちに真床御衾と呼ばれるようになる神聖な覆いが掛けられていたが、この首長霊を宿した覆いをとって、後継者の体に掛ける。後継者はこれによって、真床御衾の中でいったん胎児となり、前王を守っていた首長霊を体に宿していく。

（5）後継者は日の出と共に生まれ変わり、新たな大王となって覆いの中から出て、人びとの前に登場する。

首長霊継承の祭儀が行なわれる後円部に続く前方部には、新たな大王の誕生を見守る大和朝廷の有力者たちが控えていたと推測できる。首長霊継承の祭儀が終わったあと、新たな大王は前方部に向かい、人びとを引き連れて前の大王の葬儀を執行した。

まず棺のふたを閉じて粘土で目張りをし、棺の周囲に副葬品を納める。このあと棺の周囲に石を積み上げて石槨《せっかく》をつくり、最後に天井石で密閉する。ここまで記したことは、のちの真床御衾の儀式を手掛かりにした寺沢氏の推測にすぎないが、その大筋は、ほぼ確かであろう。

このような葬儀を経た先王の霊魂は、王家を守る首長霊の一員となった。これによって先王の霊魂を神々（精霊）の世界に送る祭儀を行なった後継者は、首長霊の守りにあずかる新たな大王として再生したと認められたのである。

前方後円墳の秩序に豪族たちを組み込んだ大王

●「三角縁神獣鏡」が大和朝廷躍進の契機になった

これは一つの推測にすぎないが、私は纒向遺跡が開発される直前に、纒向遺跡の北側に物部《もののべ》氏を盟主とする中小豪族の連合がつくられていたと推測している。この物部氏主導の豪族連合の範囲は、北は天理《てんり》市の石上《いそのかみ》神宮のあたりから、南は纏向遺跡のすぐ北側の渋谷《しぶたに》向山《むかいやま》(宮内庁は景行天皇陵と治定)古墳のあるあたりにいたる、広大なものではなかったろうか。

吉備《きび》から移住してきた集団は、二二〇年頃に物部氏主導の豪族連合の南方にあった無人の原野を開発して大和朝廷をひらいた。このあと、かれらは吉備からもたらされた先進技術を用いて急速に経済力をつけ、各地の豪族と意欲的に交易を始める。

そのような大和朝廷が、青銅器製作の新たな技術を得て三角縁神獣鏡という魅力的な商品を量産しはじめた。これが大和朝廷の躍進のきっかけとなったと、私は考えている。前に述べた箸墓古墳の築造も、この三角縁神獣鏡の出現とからめて考えるべきものであろう。

中国の考古学者の王仲殊《おうちゅうしゅ》氏は青銅器鋳造の技術を手掛かりに、このような説を出した。

「中国南部の呉《ご》朝から日本に移住してきた職人が、三角縁神獣鏡という新しい形式の銅鏡を創作した」

呉の人間が日本に渡ってきたことを示す、確実な証拠はない。しかも日本の考古学者の中から、王氏の説を批判する意見もいくつか出されている。

おおやまと古墳集団の主な古墳

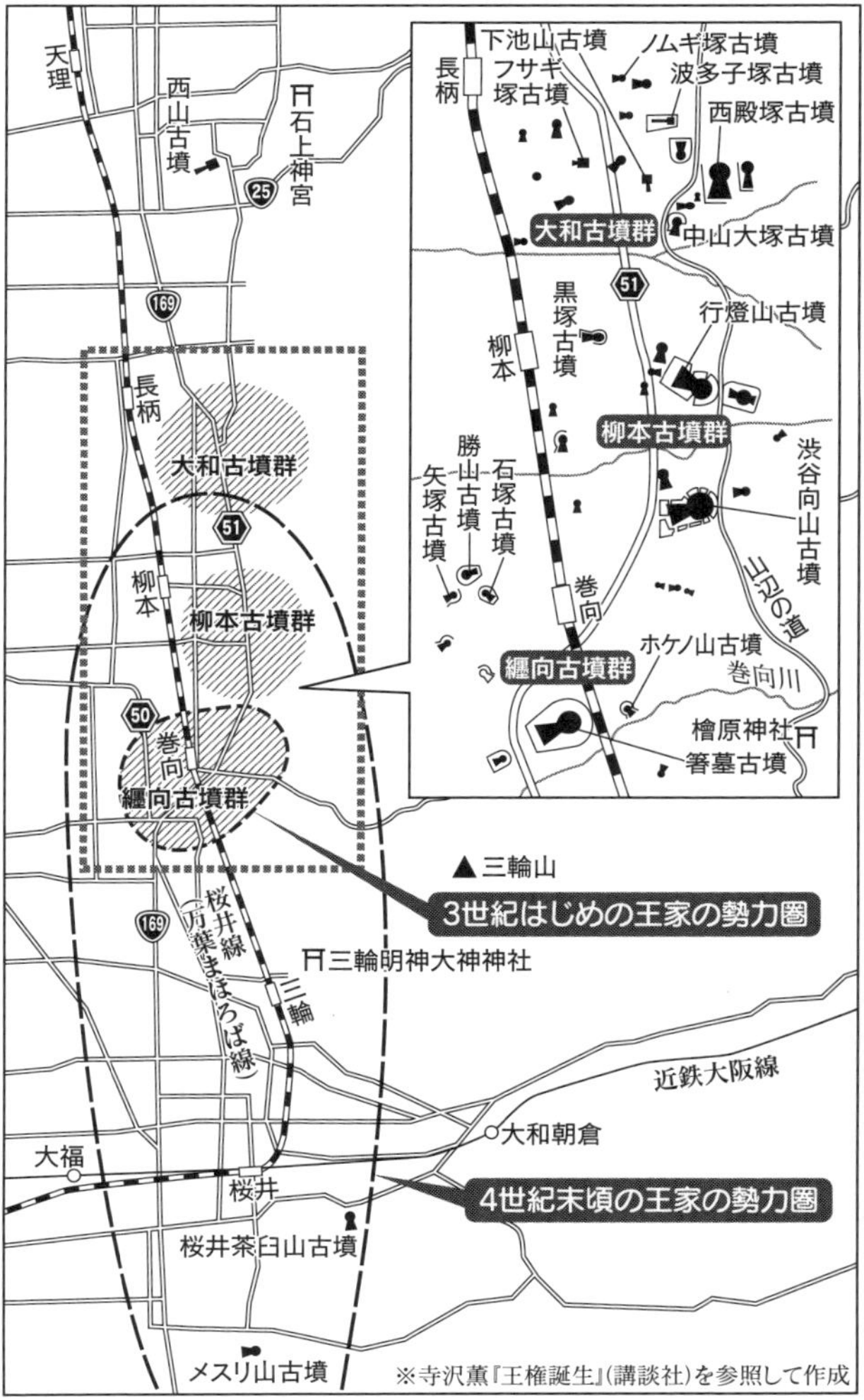

※寺沢薫『王権誕生』(講談社)を参照して作成

しかし、「三角縁神獣鏡の出現が歴史を変えるきっかけになった」とする想定は、きわめて魅力的なものである。

中国から輸入された銅鏡は直径一二～一四センチメートルと小型で、鏡の裏の文様も地味である。これに対して三角縁神獣鏡は、直径二〇～二二センチメートルの大型の銅鏡で、鏡の裏に施された中国の想像上の動物をあしらった文様も美しい。だから、そのような上質の銅鏡を祭器として求める各地の首長が、競うように三角縁神獣鏡の生産者である大和朝廷に接近してきた事態も十分有り得るのである。

●物部氏が王家に従ったことを示す黒塚古墳

奈良県天理市**黒塚《くろづか》古墳**は**「おおやまと古墳集団」**の中の柳本《やなぎもと》古墳群で最も北に位置している（89ページの図参照）。私は、そのあたりが、かつての物部氏の勢力圏のほぼ中央に相当するのではないかと考えている。

黒塚古墳は、古墳の歴史上重要な古墳の一つだと評価できる。そこからは三三面の三角縁神獣鏡がまとまって出土した。三三面という数は、一つの古墳からみつかった三角縁神獣鏡の数の中で最大のものになる。

これに次ぐのが、京都府山城町《やましろ》椿井大塚山《つばいおおつかやま》古墳の三二面と、奈良県桜井市《さくらい》桜井茶臼山《ちゃうすやま》古墳の二六面である。しかし、大王か王家の巫女の古墳と推測できる桜井茶臼山古墳からは、二六面の三角縁神獣鏡を含むさまざまな種類の銅鏡計八一面が出土するなど、鏡の総数は勝っている。

黒塚古墳は全長約一三一メートルの前方後円墳で、二八〇年頃に築かれた古墳だと推測される。そこの木棺の中からは画文帯《がもんたい》神獣鏡が一面出土した。そして三三面の三角縁神獣鏡は木棺の外に置かれていた。

黒塚古墳は、前方部が発達したきれいな前方後円形をしている。あとで説明する土器を手掛かりにした年代の推定では、箸墓古墳も黒塚古墳も二八〇年頃の古墳となる。しかし墳丘の形から推測して、黒塚古墳は箸墓古墳の少しあとのものだろう。

前に記したように、いくつかの纒向型前方後円墳が築かれたあと、新たに前方後円墳の完成形と評価される箸墓古墳が出現した。陵墓に指定された箸墓古墳は発掘を許可されていないが、箸墓古墳は、纒向で三角縁神獣鏡が量産されるようになった後でつくられたものだと考えてよい。

そのため私は、箸墓古墳には、黒塚古墳から出土したものよりはるかに多数の三角縁神獣鏡が副葬されていたと推測している。箸墓古墳が築かれたあと、三三面の三角縁神獣鏡を副葬する黒塚古墳が、箸墓古墳にならってつくられたからである。

全長約一三一メートルの黒塚古墳の規模が、全長約二七八メートルの箸墓古墳の半分足らずであることは、黒塚古墳の被葬者が、自らを王家の下に位置づけたことを物語っている。黒塚古墳を築いた物部氏は、王家から多くの三角縁神獣鏡を授かる代わりに、王家が定めた古墳づくりの秩序に従ったのだ。

黒塚古墳ができた二八〇年頃に、大和《おおやまと》古墳群と柳本古墳群のあたりに物部氏を主導者とする中小豪族の豪族連合があった。しかし物部氏が王家に従ったあと、物部氏の配下にあった豪族の中のかなりの部分が、次々に直接、王家のもとに組織されて小型の古墳をつくるようになったと推測できる。

そのため物部氏は、古くから自家と関わってきた大和古墳群の中部以北の豪族だけを組織し、布留《ふる》や石上《いそのかみ》と呼ばれるあたりを本拠とするようになったのだろう。

このあと物部氏は王家と親密な関係を築き、王家から重んじられていくが、その詳細はあと（103ページ参照）でふれよう。

大和朝廷が主導した新たな古墳時代の始まり

●280年頃、大和朝廷が定めた「古墳の秩序」とは

考古学者の多くは、箸墓古墳が築かれた二八〇年頃を古墳時代の起点にしている。そのような評価をとる研究者の中には、箸墓古墳以後のものだけを「古墳」としたうえで、それ以前の纒向石塚古墳などを墳丘墓として扱う者もいる。

ここに述べたような発想は、考古学者の都出比呂志氏によって広められたものである(岩波書店刊『古代国家はいつ成立したか』などにくわしい)。都出氏は、**「大和朝廷の王家が、古墳によって身分や出自などを表す秩序を定めていた」**と想定したうえで、その秩序を「前方後円墳体制」と名付けた。王家が、古墳の規模や古墳の形の違いによって、首長として人びとを治める豪族の格付けをしていたというのである。

わかりやすく解説すれば、このようになる。

「王家が全長二〇〇メートル以上の前方後円墳をつくり、それに次ぐ有力な中央豪族には全長一五〇メートルぐらいの前方後円墳を築かせた。さらにその下の地方の有力豪族には

全長一二〇メートルぐらいの、そして中級の豪族には全長一〇〇メートル以下、下級の豪族には全長五〇メートル以下の前方後円墳を築かせた」

そして、王家との関わりが深くない中下級の豪族は、円墳や方墳の築造しか許されなかったというのだ。

古墳時代の開始と共に、大和朝廷は「中央や地方の豪族の序列を、目にみえる古墳の形で表す」という秩序のもとに組織していったのである。大和朝廷との交易を望む豪族たちは、すすんで古墳にもとづく秩序を受け入れたと考えてよい。自分たちにならって古墳の祭祀を行なう豪族たちに、王家は気前よく三角縁神獣鏡や鉄鏃《てつぞく》(鉄の矢尻)、鉄器などを下賜《かし》品として与えた。

東北地方南部から九州にいたる広い範囲の古墳から、三角縁神獣鏡が出土しているが、この事実は、三角縁神獣鏡は大和朝廷の下賜品の中で最も人気のあるものの一つであったことを物語っている。

前に挙げた黒塚古墳から出土した三三面の三角縁神獣鏡は、すべて銅鏡の表、つまり反射面を故人の遺体に向ける形で立てて並べられていた。これは「亡くなった首長が首長霊になるためには、三角縁神獣鏡の光を浴びる必要がある」という発想の表れかもしれない。

前期の古墳には、首長霊の力を増すための呪具としての多様な副葬品が納められていた。三角縁神獣鏡は、四世紀末頃まで地方の有力な首長に限って与えられる、副葬品の中でも最も重要な呪具として扱われたのだろう。さらに銅剣を副葬する習俗は、中国や朝鮮半島にみられない日本独自のものである。

二八〇年頃の箸墓古墳の出現は、大和朝廷の全国統一の開始を意味する画期的な出来事であった。だから歴史の大きな流れをみる視点から、それを古墳時代の開始と評価する考え方にも一理ある。

しかし私は、纒向石塚古墳などを「古墳出現以前の墳丘墓」とする説には懐疑的である。「古墳時代」の開始に関する考古学者の評価はどうであれ、常識的にみれば、纒向型前方後円墳の形やつくりは古墳と変わらない。六世紀の群集墳の円墳は、纒向石塚古墳よりはるかに小型である。だから「纒向石塚古墳がつくられた二二〇年頃から、古墳時代が始まった」とする寺沢薫氏ら一部の考古学者の見方も否定できないのだ。

●首長霊継承儀礼と前方後円墳を広めた王家

前に説明してきたように、最初の大型前方後円墳である箸墓古墳は、新たな首長霊継承儀式を行なうためにつくられた（85ページ参照）。この箸墓古墳は、「王家が、最大規模の古墳を築造する資格をもつ唯一の指導者である」とする発想によって、王家が総力をかけてつくり上げたものであったろう。なぜなら、王家が纒向の地だけを治める首長としての地位に満足していたら、それまでにつくってきた、全長九〇～一〇〇メートルの五基の纒向型前方後円墳と似たもので十分だからだ。

しかし王家は、三世紀末の一〇代崇神天皇の時点で「王家の交易相手となっている各地の豪族（首長）を組織して、豪族連合をつくり上げよう」という新たな野心をもちはじめた。

各地からもたらされたその土地独自の意匠をもつ土器が、纒向遺跡から出土している。これによって纒向を本拠とする大和朝廷が、各地の首長と意欲的に交易したことがわかる。

一〇年ほど前までは、三世紀はじめ頃までの日本には、北九州を中心とした交易圏と近畿地方を中心とした交易圏が並存していたと考えられていた。しかし、最近の発掘成果によって、一世紀末の時点で、中国産の商品が北九州から各地に広まり始めていたことが明らかになっている。纒向のホケノ山古墳からは、当時貴重品とされていた中国産の画文帯《がもんたい》同向式神獣鏡《どうこうしきしんじゅうきょう》が出土している。

大和朝廷は発足のときから、大和川経由の西方との交易路と伊勢経由の東方との交易路

纒向に土器を送った地域

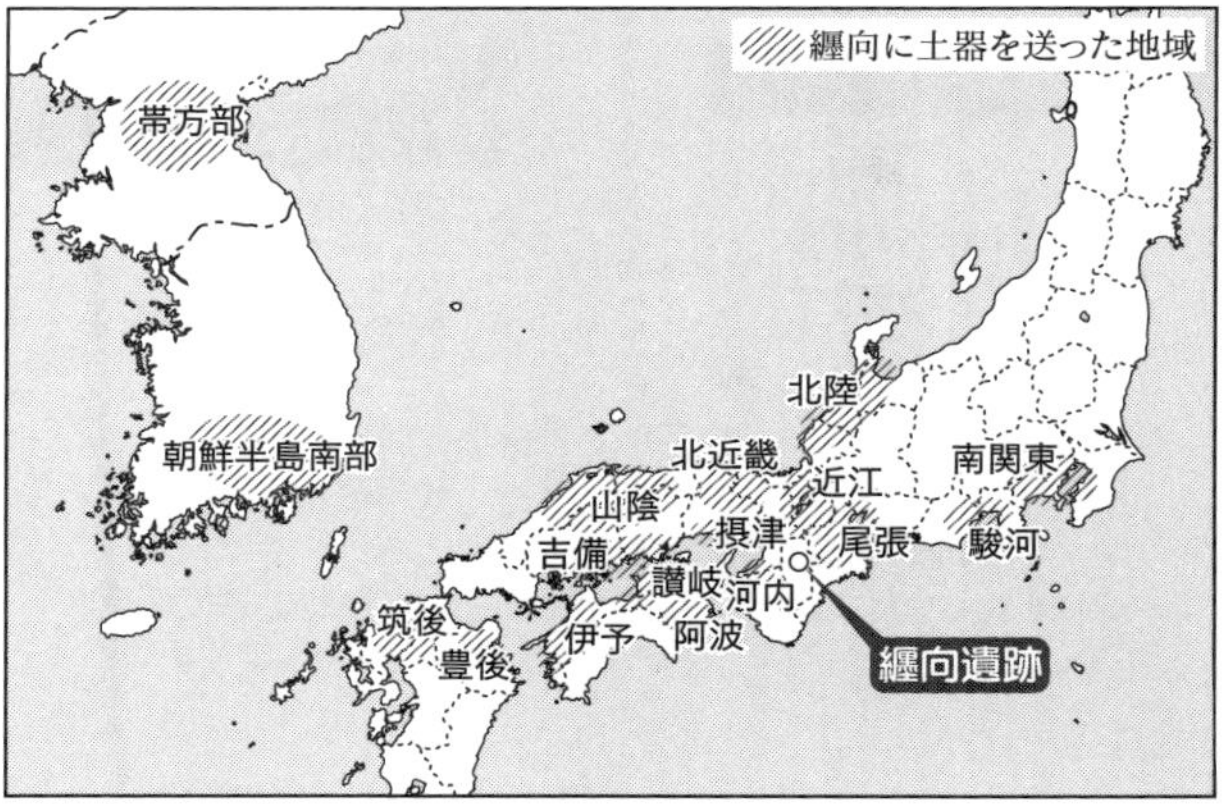

※『歴史人』2013年6月号より

を握り、各地とさかんに交易していたのだろう。かれらは玉類、木製品、土器などの大和独自の特産品を交易すると共に、北九州からもたらされた銅鏡、鉄器などの輸入品を東国に広める役割もはたしていた。

三世紀なかばからは大和で青銅器の工房が発展し、まもなく特有の意匠をもつ三角縁神獣鏡をつくり出すにいたった。箸墓古墳ができた二八〇年頃には、大和が日本経済の中心になっていたと推測できる。その時期の日本各地の豪族（首長）は、どこも同じような首長霊信仰をとっていた。

王家は三輪山の大物主神を首長霊としたが（79ページ参照）、各地の豪族も大物主神に似た神を信仰していた。そのような神は、大国主《おおくにぬしの》

首長霊信仰にもとづく大和朝廷の支配

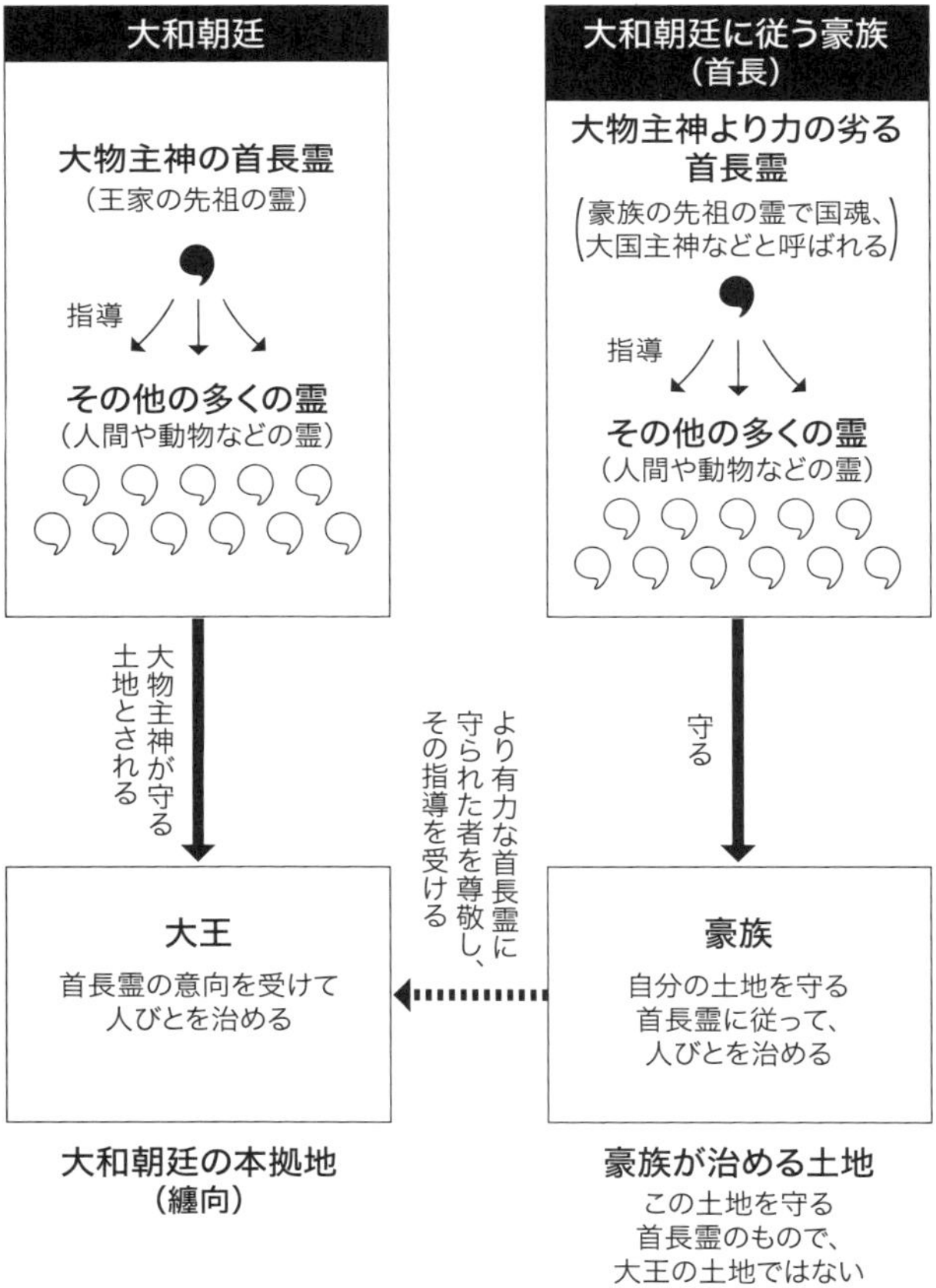

神《かみ》、大己貴神《おおなむちのかみ》、八千戈神《やちほこのかみ》などと呼ばれていた。

これらの多くは山に住む水の神で、稲作を助ける農耕神である。弥生時代の祖霊信仰の流れをひくそのような信仰は、出雲から各地に広まったもので、**大国主神などの名をもつ神は「国魂《くにたま》」、つまり土地を守る神**とされていた。

王家はこのような国魂信仰をふまえて、以下の主張を広めていった。

「同じ国魂の神を祭る豪族は、みんな同じ神の子孫で同族である」

そして大王を中心とする擬制同族関係をつくって、各地の豪族を組織していった。そのうえで、

「王家とつながる豪族（首長）は、定めに従った首長霊の継承を行なわねばならない」

と主張し、各地の豪族に前方後円墳をつくらせたのだ。

王家の発展と共に生まれた「おおやまと古墳集団」

●纒向遺跡から「おおやまと古墳集団」へ

二二〇年頃に纒向遺跡をひらいた王家は、三六〇年頃までにめざましく発展する。当初

は約一平方キロメートルの広さであった纒向遺跡は、最終的には約三平方キロメートルまで拡大した。それに対応する形で、王家の勢力圏も纒向遺跡の北方や南方に拡大していく（89ページの図参照）。

この動きは、王家が残したとみられる古墳からうかがえる。

王家の本拠地である纒向遺跡の周辺に営まれた古墳は、「おおやまと古墳集団」などと総称されている。それは三つの古墳群と、二つの独立した古墳から成る。

三つの古墳群は、北から順に**大和**《おおやまと》**古墳群**、**柳本**《やなぎもと》**古墳群**、**纒向古墳群**と呼ばれている。そして、この三つの古墳群の南方の少し離れたところに、**桜井茶臼山**《さくらいちゃうすやま》**古墳**と**メスリ山古墳**がある。

●王家が築いた200m超の古墳と小首長の小さな古墳

「おおやまと古墳集団」の四世紀の古墳は、全長二〇〇メートルを超える有力な古墳と全長一〇〇メートルそこそこの、大して有力でない古墳とに明らかに分けられる。

有力な古墳は大王と王家の巫女を葬ったもので、それ以外の古墳は主に王族や王家に従った首長を葬ったものだと推測することができる。

大王が、王家の勢力圏の独裁者であったわけではない。王家の本拠地の纒向には、二〇〇人程度の集団をまとめて大王に従う小首長がいた。そのような小規模な集団の人びとが優れた小首長を慕って、小型の古墳を築いたのだ。

「おおやまと古墳集団」の中の大和古墳群で有力な古墳が、全長約二三四メートルの**西殿塚（衾田陵《ふすまだのみささぎ》）古墳**である。柳本古墳群では全長約二四二メートルの**行燈山《あんどんやま》（宮内庁は崇神天皇陵と治定）古墳**と**渋谷向山《しぶたにむかいやま》（宮内庁は景行《けいこう》天皇陵と治定）古墳**がずば抜けている。そして、それらの南方に全長約二〇七メートルの桜井茶臼山古墳と全長約二〇八メートルのメスリ山古墳がある。

●王家の6基の大型古墳は大王と巫女の墓か

この五基の有力な古墳に纒向古墳群の箸墓古墳を加えた六基の古墳が、大阪府羽曳野《はびきの》市・藤井寺《ふじいでら》市の古市《ふるいち》古墳群より前（二八〇年―三六〇年頃）の大王と巫女の墓であったと推測できる。

二八〇年頃の箸墓古墳のあと、三〇〇年頃に西殿塚古墳がつくられている。そして桜井茶臼山古墳が三二〇年頃で、行燈山古墳が三三〇年頃、そして三五〇年頃にメスリ山古墳ができて、三六〇年頃に渋谷向山古墳が築かれる。

四世紀はじめに、大和朝廷の勢力圏は、纒向から「おおやまと古墳集団」のみられる広い範囲に拡大したのだろう。ゆえに、このように整理していくと、**「おおやまと古墳集団」には三世代の大王と巫女の墓がつくられたのではないかと考えられる**のだ。しかし真相は明らかではない。

『日本書紀』などは一〇代崇神天皇のあと、一一代垂仁《すいにん》天皇と一二代景行《けいこう》天皇が立ったと伝えている。そして垂仁天皇の実名を活目入彦《いくめいりひこ》、景行天皇の実名を忍代別《おしろわけ》とする。この活目入彦と忍代別は、崇神天皇の実名の御間城入彦《みまきいりひこ》と同じく、四世紀の人物の名前とみて間違いない。

『日本書紀』の崇神天皇、垂仁天皇、景行天皇の三代の天皇にまつわる伝承には、纒向の周辺を舞台とするものが多い。さらに、その三代の天皇の王宮は纒向のあたりにあったと記されており、崇神天皇と景行天皇の御陵もその近くにあったとされる。

王家の本拠が纒向にあった時代の記憶をもとに、崇神天皇、垂仁天皇、景行天皇にまつわる伝承の核がつくられたのであろうか。しかしその三代の他に、垂仁天皇の子の誉津別《ほむつわけ》に関する伝承がある。

それによれば、誉津別が活目入彦の後継者であったようにも思える。垂仁天皇の次の大王は、景行天皇ではなく誉津別であったのかもしれない。

王家と結んだ物部氏がこだわった「前方後方墳」

●物部氏が次々に築いた前方後方墳

大和古墳群の北部から中部にかけて、物部氏が築いたと推測できる古墳がいくつか存在する。

この物部氏関連の古墳に、**前方後方墳**（29ページの図参照）が多くみられる点に注目しておきたい。前方後方墳とは石室や石槨《せっかく》を設けた四角形の墳丘に、祭祀に用いる四角形の墳丘を添えたものだ。黒塚古墳がつくられた少し後の二九〇年頃には、全長約一四〇メートルの天理市**波多子塚**《はたこづか》**古墳**が築かれている。この古墳からは、埴輪成立前の祭器とされる特殊器台が三二ほど出土した。

この波多子塚古墳に続いて、全長約六三メートルの天理市**ノムギ古墳**、全長約一二〇メートルの天理市**下池山**《しもいけやま》**古墳**、全長約一一〇メートルの天理市**フサギ塚古墳**といった前方後方墳がつくられた。ノムギ古墳は三〇〇年頃、下池山古墳は三二〇年頃、フサギ塚古墳は三四〇年頃のものとみられている。

このような前方後方墳に並行して、同じ大和古墳群に、全長約一三〇メートルの天理市**中山大塚古墳**、全長約七〇メートルの天理市**弁天塚古墳**《べんてんづか》といった前方後円墳も築かれた。

物部氏が残した最大の古墳が、大和古墳群から北へ二キロメートルほどいったところにある**西山古墳**《にしやま》（89ページの図参照）である。それは三六〇年頃につくられたもので、全長約一八三メートルの前方後方墳である。

ところで、物部氏とは単一の氏族ではなく、葛城一族や春日一族（128ページ参照）のような多くの豪族の集合体であった。葛城一族の構成員は、居住地を表す葛城、平群《へぐり》、紀《き》などの姓を名乗る氏族に、春日一族は、春日、和珥《わに》、小野などの氏族に分かれていた。しかし物部一族は、「物怪《もののけ》を鎮める者」を意味する「物部」という名称に強い愛着をもっており、物部と名乗る多くの豪族の集合体の形をとっていた。

そのため、西山古墳の形から以下のような推測が成り立つ。それは、**「物部氏の中のとくに有力な家筋が前方後円墳をつくり、そうでない者が前方後円墳を築いた」**

というものだ。

●前方後方墳が東海～関東地方に多いわけ

王家が前方後円墳を次々に築く中で、物部氏の主流の人びとが、四角形の墳丘に石室を設ける独自の古墳を築いたのは「王家に従っていても、物部氏は王家とは別物である」という主張を物語るものかもしれない。

四世紀の大和朝廷は、王家と物部氏の連携のうえに成り立っていた。大和朝廷は崇神天皇のときに大きく発展したが、『日本書紀』などの系図に、崇神天皇の母が物部氏の出であったことが記されている。

物部氏の祖先の大綜麻杵《おおへそき》の娘、伊香色謎命《いかがしこめのみこと》が崇神天皇を産んだというのである。纒向の地を治めていた王家は、政略結婚によって北方に勢力を張る物部氏を取り込んだあと、箸墓古墳を築いて全

物部氏の有力な家筋が築いた
前方後方墳の西山古墳

国支配に乗り出したのであろう。

物部氏は、王家の三輪山の祭祀に関与した。さらに、かれらの本拠の石上で「鎮魂《たまふり》」という大王の霊魂の力を増す呪術が行なわれた。物部氏は大和朝廷の祭祀の分野でも、欠かせないものとされたのだ。

東海地方から関東地方南部にかけての範囲に、物部氏の同族と称した地方豪族が多くみられる。これは四世紀なかばすぎから、物部氏が伊勢経由で東国の豪族と交流して、かれらを王家を中心とする豪族連合に組み込んでいったことを物語るものであろう。

東海地方から関東地方にかけての範囲に、有力な前方後方墳がいくつか分布している。これらは、物部氏と擬制同族関係にある豪族が物部氏のものにならってつくった古墳だと推測できる。

吉備、出雲にも大和風の古墳が広がる

●3世紀末、吉備でつくられた前方後方墳

前に述べたように、倉敷市楯築墳丘墓がつくられた二世紀末頃には、吉備全体に及ぶ豪

族連合ができていたと考えられている（65ページ参照）。この豪族連合は、特定の豪族が世襲的に吉備全体を統《す》べるものでなく、その時々の有力者が交代で豪族連合の盟主を務める形をとっていた。

三世紀はじめに、この豪族連合の中の一人の首長が、大和に移住して大和朝廷をひらいた。そのあと大和朝廷と吉備が対立した様子はみられないので、大和朝廷の成立後、大王と吉備の首長たちは交易を通じて、親密な関係を築いていたと考えられる。

吉備の各地に下道《しもつみち》、上道《かみつみち》、賀陽《かや》、三野《みの》、笠《かさ》などの諸豪族がいたが、かれらは「吉備氏」と総称されていた。のちに吉備氏を構成する豪族たちは、すべて吉備津彦《きびつひこ》を先祖と称するようになった。

この吉備津彦は崇神天皇の大叔父で、倭迹々日百襲姫の弟とされていた。この系譜から**崇神天皇のときに、吉備氏と王家との間で擬制同族の関係が築かれた**ありさまがわかる。

吉備で最古の古墳は、纒向型前方後円墳の形をとる岡山県総社《そうじゃ》市**宮山《みややま》古墳**である。その古墳は二五〇年頃のものと考えられるが、宮山古墳には一一人の人間が葬られていた。首長と思われる人物が後円部の頂上の石室に葬られ、その他の一〇人の遺体は後円部から前方部にかけてつくられた一〇個の埋葬施設に葬られていた。

楯築墳丘墓にみられるようなこのような複数の人物の埋葬は、吉備の伝統的な習俗にもとづくものであろう。下道氏の祖先だとみられる宮山古墳を築いた首長は、大和朝廷の古墳の形式だけをまねて独自の古墳づくりをしたのだ。

二九〇年前後から、吉備に岡山市**湯迫**《ゆば》**（備前）**《びぜん》**車塚古墳**《くるまづか》などの大和風の古墳が広がっていった。これは大和朝廷が箸墓古墳をつくったあと、秩序に従った古墳づくりを広めていったことによるものであろう。

湯迫車塚古墳は、全長約四八メートルの前方後方墳の形をしている。その古墳は上道氏の祖先が残したものであるが、王家の前方後円墳をまねながらも主体部を四角形にする独自のつくりをとっている。

中央では物部氏が多くの前方後方墳を築いていたから、吉備の首長が物部氏の古墳をまねた可能性もある。しかし物部氏と吉備氏とが、離れた地でそれぞれ独自の前方後方墳をつくったとみるのがより妥当であろう。

●四隅突出型墳丘墓をやめ、方墳を築いた出雲の首長

出雲では一世紀なかば頃に、出雲全体の小国連合がつくられていたと考えられる。木箱

に入れた三五八本もの銅剣がまとまって出土した島根県雲南市《うんなん》荒神谷《こうじんだに》遺跡は、**出雲全体の首長が集まって、土地の守り神である国魂《くにたま》の神の祭祀を行なう聖地であった**と考えられている。

この出雲の首長連合の中心となったのが、現在の雲南市から出雲市のあたりに本拠をおいた神門《かんど》氏と、松江市と安来《やすぎ》市を本拠とする出雲氏であったと考えられる。前に記したように出雲の葺石《ふきいし》の習俗が、大和朝廷のホケノ山古墳や箸墓古墳に取り入れられている（78ページ参照）。

しかも、吉備を介した大和と出雲の交易もさかんに行なわれていたとみてよい。それでも出雲の首長は三世紀頃まで、その本拠地で四隅突出型墳丘墓を築き続けていた。

変化が起きたのは三二〇年頃である。まず、出雲東部の出雲氏の本拠地に古墳が出現した。安来市の**造山一号墳**《つくりやまいちごうふん》と**大成**《おおなり》**古墳**などが、出雲最古の古墳とされている。どちらも方墳で、前者は一辺約五〇メートル、後者は一辺約三七メートルである。

出雲の首長は、四隅突出型墳丘墓の本体の形であった四角形に強い思い入れをもっていたらしい。そのため、このあと出雲に方墳や、四角形の古墳の主体に前方部を付けた前方後方墳が多くつくられることになった。

古墳づくりを通して、吉備と出雲の首長を豪族連合の一員として組み込んだ大和朝廷は、このあと北九州に勢力圏を広げ、大陸との貿易で大きく発展していくことになる。

三章

朝鮮諸国との外交が「古市古墳群」をつくらせた

87 基の古墳を擁する古市古墳群

●4世紀末に古墳の全盛期が訪れた

古市古墳群《ふるいち》は、日本で最大級の規模をもつ古墳が集まった古墳群である。そこは西方の**百舌鳥古墳群**《もず》とともに、日本で最も有力な二大古墳群であると評価されている。

古市古墳群は、現在の大阪府羽曳野市《はびきの》、藤井寺市《ふじいでら》にまたがる地につくられた。そこは開けた平野の中にあり、古代には大和朝廷の本拠地と大和の外港である難波《なにわ》との間の交通路のそばに位置していた。

そのすぐ東方には、現在は「河内飛鳥《かわちあすか》（近《ちか》つ飛鳥）」と呼ばれる土地がある。そこは「大和の飛鳥（遠《とお》つ飛鳥、奈良県明日香村）」と共に渡来系《とらい》豪族の居住地として栄えていた。河内飛鳥の渡来人が広めた先進文化は古市で広まり、六世紀なかばの仏教伝来後、古市にも氏《うじ》寺《でら》がいくつもつくられた。

この古市は、古墳の建設や祭祀に従事した土師《はじ》氏の居住地の一つでもあった。藤井寺市の道明《どうみよう》寺《じ》は土師氏の氏寺をもとに発展した寺院であり、そのそばの道明寺天満宮（116ページの図参照）は最古級の天満宮の一つで、菅原道真《すがわらのみちざね》が身に付けていた笏《しやく》（束帯《そくたい》という貴

古代の街道と巨大古墳群・古墳集団

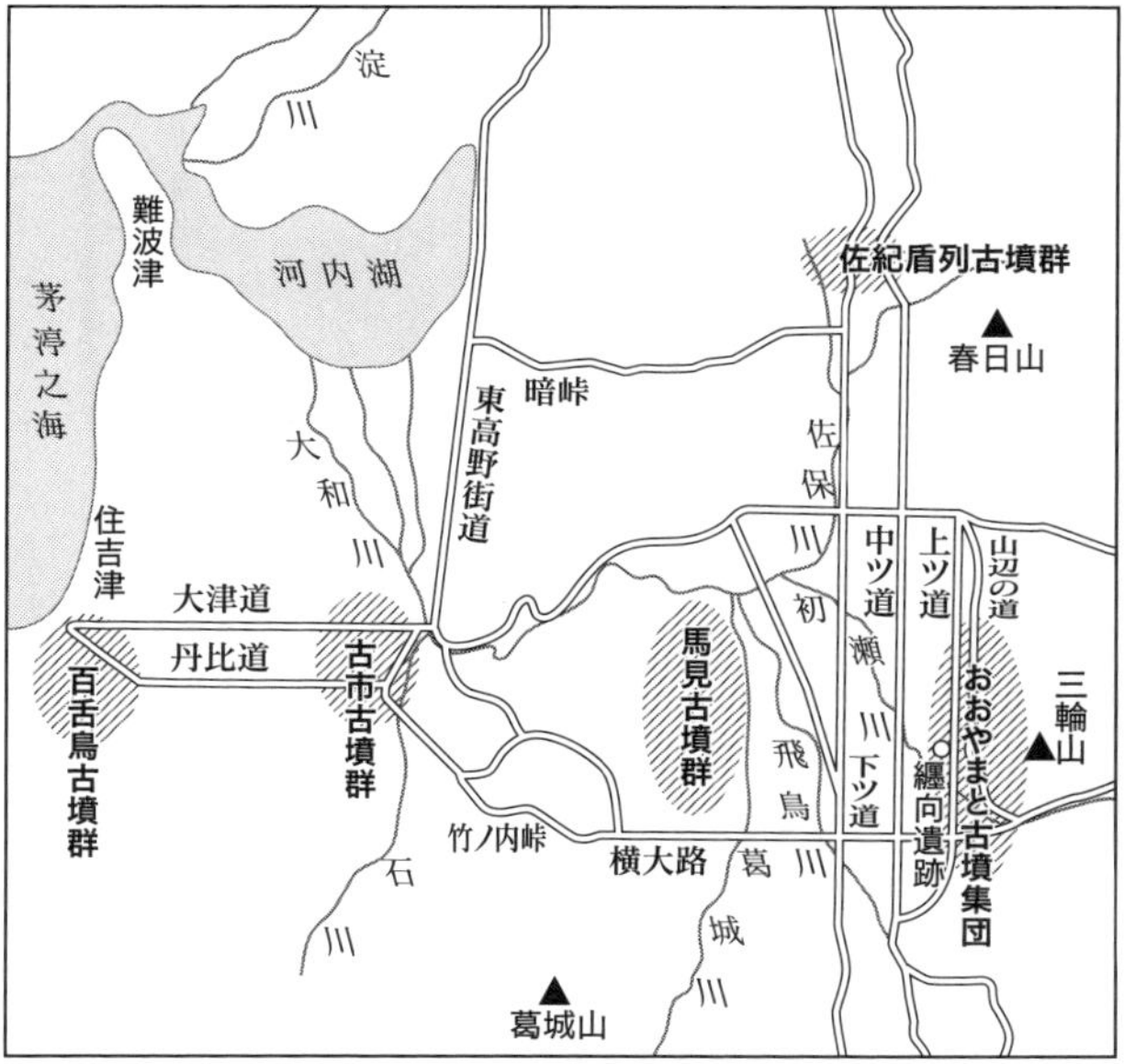

※寺沢薫『王権誕生』（講談社）より

族の礼服を着用する際に右手に持つ板片）を伝えている。

四世紀末頃から六世紀末頃にかけて、大和川の支流である石川の西岸に一〇〇基を超える古墳が造営された。その古墳は東西約三キロメートル、南北約四キロメートルの範囲に集中している。

現在の古市古墳群では大小合わせて八七基の古墳の存在が確認されているが、それ以外に、すでに破壊されてしまった古墳も少なくないと考えられる。宅地開発などで壊された古墳も多く、戦前まではそこに一二三基の古墳があったという記録もある。

「大和朝廷のあった大和に最も多く古墳がつくられた」と考えられがちだが、じつはそうではない。古墳の数だけでいえば、一位が兵庫県、二位が千葉県、三位は鳥取県になる。これは小型の古墳も含めた数である。

また大型の古墳の多いところとしては、大阪府が文句なしに一位になる。墳丘の長さの上位一〇の古墳の現在地を調べると、その中の六基が大阪府にあることがわかる。これに次ぐのが奈良県の二基になる。

このあと説明するような朝鮮諸国との外交のために必要になったことから、河内に有力な古墳がつくられたのだ。

●倭の五王が残した古墳

『宋書《そうじょ》』という中国の歴史書に、五世紀に五人の倭《わ》王が中国の南朝に使者を派遣して国交を結んだことが記されている。倭王讃《さん》が遣使したのを皮切りに、珍《ちん》、済《さい》、興《こう》、武《ぶ》の倭王が次々に中国の官職を求めて朝貢《ちょうこう》したのである。

かれらは「倭」を姓にして、それに中国風の一字の名前を添えた「倭讃《わさん》」などと名乗って、宋朝の皇帝に従った。これによって、皇帝の属国を治める倭王となったのである。

倭の五王の通交についてはこのあとで説明するが、当時の大和朝廷は朝鮮半島と切っても切り離せない関係にあった。

この時代には、高句麗《こうくり》が南下して、百済《くだら》に圧力をかけていた。そのため、大王たちは百済から先進文化を得るために、百済と結んで北方の高句麗と争った。百済王は自分の地位を守るために、形式のうえで日本に従って援軍を求めた。そのため、この時代に百済の王子が人質として日本に送られている。

中国では、北方から侵入した異民族がひらいた北朝と、中国人の皇帝が治める南朝との対立が続いていたが、この争いの中で劉宋《りゅうそう》朝といわれる南朝の宋朝が、山東半島の地を回復する。

これによって、百済の使者が黄海を渡って劉宋朝に赴くことが容易になった。このような背景の中、倭の五王の使者が百済の道案内によって南朝に朝貢したのである。

古市古墳群とそれに関連する百舌鳥古墳群の巨大古墳の出現は、このような外交関係と深く関わっていた。古市古墳群には、全長約四二五メートルで全国第二位の規模をもつ**誉《こん》田御廟山《だごびょうやま》（宮内庁は応神《おうじん》天皇陵と治定《じじょう》）古墳**がある。

古市古墳群の主な古墳

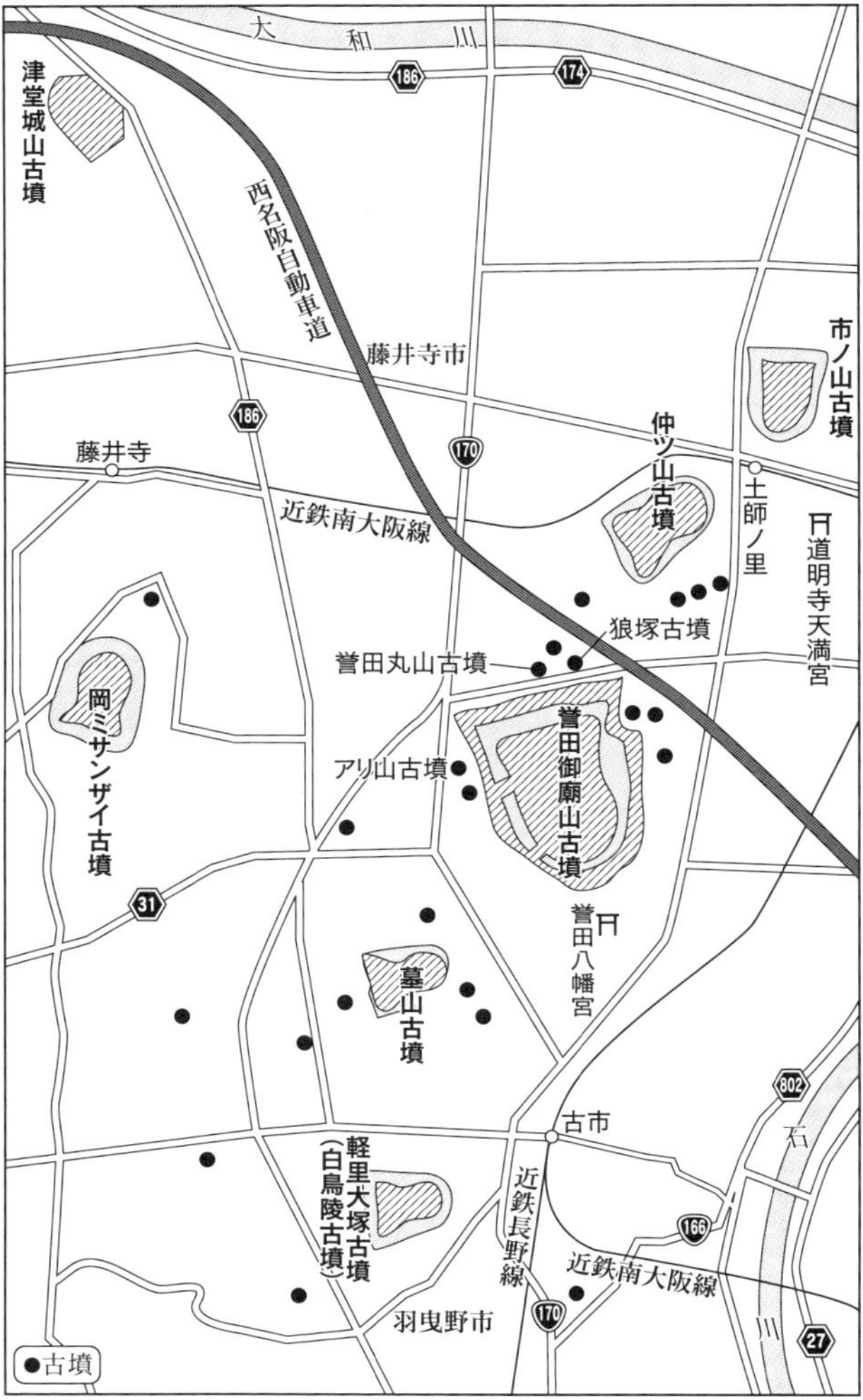
大和川
186
174
津堂城山古墳
西名阪自動車道
藤井寺市
市ノ山古墳
186
170
仲ツ山古墳
藤井寺
土師ノ里
近鉄南大阪線
道明寺天満宮
狼塚古墳
誉田丸山古墳
岡ミサンザイ古墳
誉田御廟山古墳
アリ山古墳
31
誉田八幡宮
墓山古墳
802
古市
石
軽里大塚古墳
(白鳥陵古墳)
近鉄長野線
166
近鉄南大阪線
170
羽曳野市
川
27
●古墳

その他の全長二〇〇メートルを超える古墳として、まず約二九〇メートルの**仲ツ山**《なかつやま》（**宮内庁は仲津媛陵**《なかつひめりょう》**と治定**）**古墳**、全長約二四二メートルの**岡**《おか》**ミサンザイ**（**宮内庁は仲哀**《ちゅうあい》**天皇陵と治定**）**古墳**がある。ついで約二三〇メートルの**市ノ山**《いちのやま》（**市野山とも。宮内庁は允恭**《いんぎょう》**天皇陵と治定**）**古墳**、約二二五メートルの**墓山**《はかやま》（**宮内庁は応神天皇陵の陪塚**《ばいちょう》**と治定**）**古墳**、約二〇八メートルの**津堂城山**《つどうしろやま》**古墳**、約二〇〇メートルの**軽里大塚**《かるさとおおつか》（**前ノ山**《まえのやま》）**古墳**がくる。

ここにあげた大型古墳の歴史上の位置づけについてはこのあとで触れるが、その前に、前章に記した古墳誕生から古市古墳群出現までの歴史を簡単に記しておこう。

大和朝廷、朝鮮半島南端に勢力をのばす

●北九州の古墳の広まりと沖ノ島の祭祀の開始

三世紀末になると、北九州にも纒向型前方後円墳がみられるようになっていた。福岡市那珂八幡《なかはちまん》古墳や福岡県小郡《おごおり》市津古生掛《つこしょうがけ》古墳が、二八〇年頃のものとみられる纒向型前方後円墳である。

これを築いた豪族は、大和朝廷と交易したことをきっかけに中央の古墳をまねた古墳を

築いたのであろう。ついで三一〇年頃に、北九州最古の本格的な前方後円墳である全長四〇メートルの大分県宇佐《うさ》市赤塚《あかつか》古墳がつくられた。

瀬戸内海航路を用いて交易した宇佐《うさ》の首長が、まず大和朝廷が定めた古墳の秩序に従ったのだ。

これに続いて、三二〇年頃に瀬戸内海に面する福岡県苅田《かりた》町にある、全長約一二〇メートルの石塚《いしづか》山古墳が築かれた。さらに三三〇年頃になると、現在の福岡県から佐賀県にかけての地域に古墳が広がった。

これと同時期に、福岡県宗像《むなかた》市の沖ノ島《おきのしま》の祭祀遺跡が出現している。世界遺産となった沖ノ島は、大和朝廷が朝鮮半島と往来する航海の安全を祈って「宗像三神」と呼ばれる海の神を祭った地だと考えられている。

三世紀末に吉備《きび》氏を従えて瀬戸内海航路を把握した大和朝廷は、四世紀はじめに北九州を古墳文化圏に組み込み、朝鮮半島南端との貿易の実権を握ったのである。

前に記したように、北九州には、紀元前一世紀後半から楽浪《らくろう》郡との貿易によって栄えた小国群があった（63ページ参照）。そのような小国の首長たちは、二世紀末に邪馬台国の卑弥呼のもとで小国連合をつくっていた。

しかし、大和朝廷という強大な勢力が接近してきたときに、北九州各地の豪族は「大王のもとに団結して、より有利な条件で貿易を行なう」道を選んだと考えられる。

現在のところ、北九州では、全盛期に三平方キロメートルの広さをもっていた纒向遺跡に匹敵する有力な遺跡はみつかっていない。北九州最大の遺跡とされる佐賀県神埼《かんざき》市・吉野ヶ里町の吉野ヶ里遺跡の規模は、発足時の纒向遺跡の二分の一の〇・五平方キロメートルにすぎないのだ。

奴国《なこく》が福岡市の市街地にあったために、奴国の発掘は部分的にしか行なわれていないが、もしその全体像がわかっても、そこの広さは〇・五平方キロメートル程度なのではあるまいか。

だが、ここに記した見通しは、あくまでも現在の時点の発掘の成果を手掛かりにした推測にすぎない。今後、福岡県もしくは佐賀県で纒向遺跡並みの規模の遺跡がみつかった場合は、そこを邪馬台国とする説が出されることは確実である。

そしてそのうえで、このような説が出されるかもしれない。

「北九州の卑弥呼の後継者と大和の大和朝廷との戦いがなされたのちに、大和朝廷が北九州を支配した」

●加耶から鉄素材を大量に輸入した大和朝廷

大和朝廷が朝鮮半島との貿易の実権を握った四世紀はじめから、大量の鉄鋌《てつえん》と呼ばれる鉄素材が日本各地に広まった。この鉄鋌という鉄の板は、日本で農具や矢尻（鉄鏃《てつぞく》）に加工された。

三三〇年頃から、国内の鉄製矢尻の出土数が急増している。さらに四世紀なかばから、日本に鉄製甲冑《かっちゅう》が現れた。大量の鉄を用いるその頃の甲冑はきわめて貴重なもので、その多くは限られた有力な首長の古墳から出土している。

朝鮮半島の南端部は、邪馬台国の時代には「弁辰《べんしん》」と呼ばれていた。中国の歴史書は、この弁辰と馬韓《ばかん》、辰韓《しんかん》とを合わせたものを「韓」と記している。弁辰も馬韓も辰韓も人口二〇〇〇～二〇〇〇〇人程度の小国の集まりであったが、四世紀に百済が馬韓を、新羅が辰韓を統一した。

弁辰であった地では小国が分立した状態が続いたが、弁辰は四世紀頃から加耶《かや》（加羅《から》とも。143ページの地図参照）と呼ばれるようになった。『三国志』の「魏志弁辰伝」に、次のように記されている。

「弁辰の国々で鉄がつくられるので、韓や倭や濊《わい》（朝鮮半島北部の日本海沿岸にあった国）

の人びとが競ってそこの鉄を求めている」

邪馬台国の貿易船は対馬から現在の韓国の金海市《きめ》にある狗邪韓国《くやかんこく》に渡り、そこの鉄を買い入れていたと考えられる。鉄の対価としては、米、布、塩などが用いられたのだろう。

しかし大和朝廷が貿易の主導権を握ったあと、大和朝廷のもつ高度な技術でつくられた工芸品が主要な輸出品になったと推測できる。**四世紀に入ると、韓国の考古学者が「倭系遺物」と呼ぶ日本産の工芸品が、朝鮮半島南端の各地から出土する**ようになるからだ。

倭系遺物の代表的なものに、**巴形銅器**《ともえがた》と**筒形銅器**《つつがた》がある。筒形銅器は円筒形の一方の端をふさいだ中空品で、目釘を打つ透かし穴をもつものである。それは棒の端に差し込んで使用するもので、棒を振れば音を発するつくりになっていた。

精密なつくりの筒形銅器は、祭祀の中で重要な役割をはたしていたと推測できる。ここに記したような倭系遺物は、大和朝廷と加耶との間の貿易の開始と共に広まったものであろう。

四世紀には狗邪韓国は金官加耶《きんかんかや》国と呼ばれるようになっていた。大和朝廷は独自の祭器などを輸出品とすることによって、この金官加耶国から多くの鉄を輸入し、国内の各地の豪族と交易していたと思われる。

大和朝廷と金官加耶国との親密な関係は、六世紀はじめまで続いた。金官加耶国のような小国の国王は、大王から日本国内の有力豪族とそう変わらない扱いを受けていた。だから、日本から金官加耶などの加耶諸国への移住者が、かなりの数でいたとみられる。かれらが、日本のものにならった前方後円墳をいくつか残している。それと共に、渡来人と呼ばれる加耶経由で日本に移住する者も多くいた。

円筒埴輪の出現と奈良盆地での古墳の広まり

●円筒埴輪や竪穴式石室を備えた完成形の古墳

王家の古墳は、箸墓古墳がつくられた二八〇年頃から西殿塚古墳が出現する三〇〇年頃までの間に、急速に整備されていった。この間に「古墳の完成形」と呼ぶべきものがつくられたのである。

箸墓古墳が築造されてまもない時期に、特殊器台、特殊壺（80ページの写真参照）に代わる**円筒埴輪**がつくられ、古墳の墳丘が多くの埴輪で飾られるようになった。

大型古墳はふつう、三段の斜面と三箇所の平坦部を設ける形につくられていた。古代人

4世紀の出土品

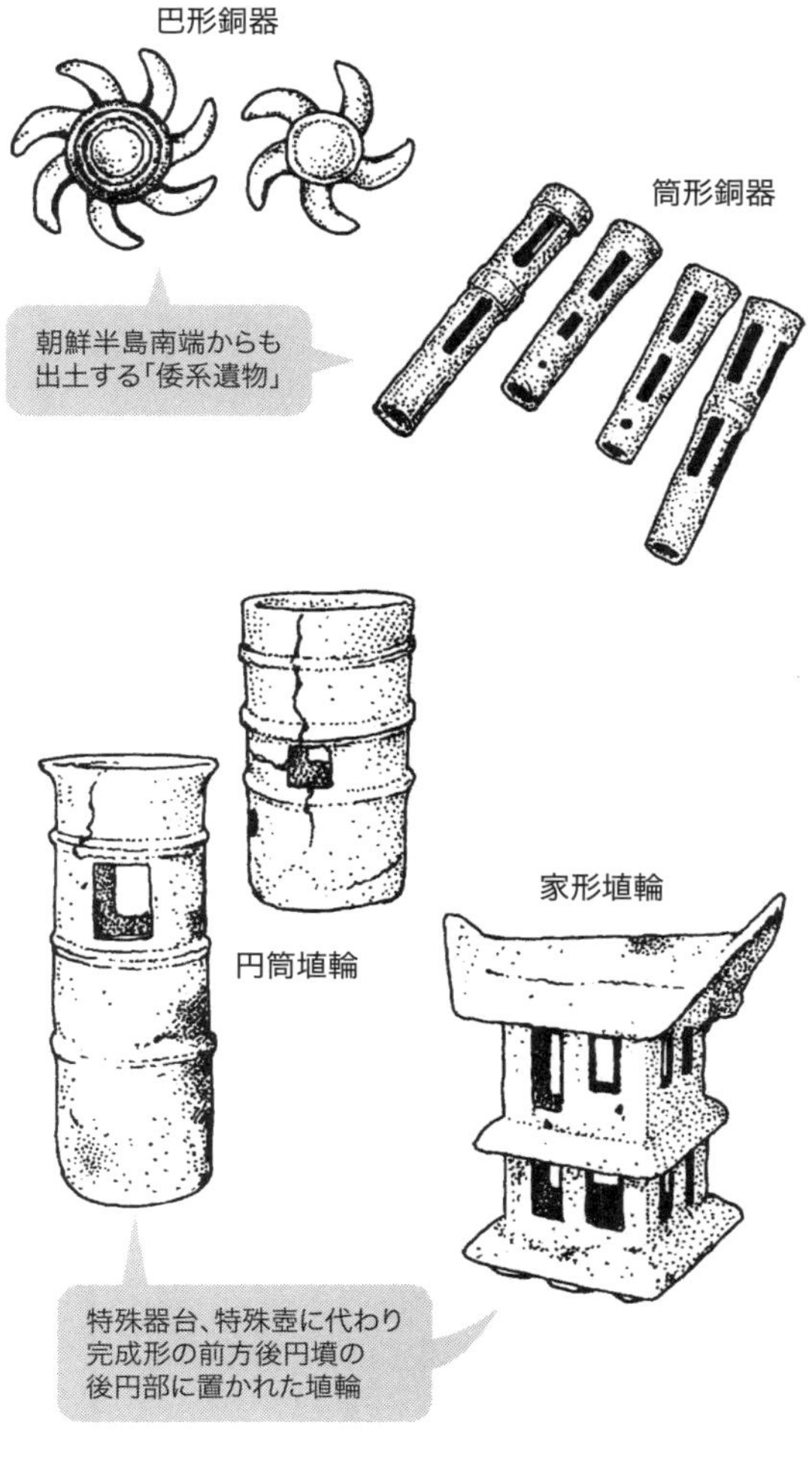
巴形銅器
筒形銅器
朝鮮半島南端からも出土する「倭系遺物」
円筒埴輪
家形埴輪
特殊器台、特殊壺に代わり完成形の前方後円墳の後円部に置かれた埴輪にとって、この斜面を登る道は「天の世界にいたる通路」と呼ぶべきものであったろう。古墳の最上段の平坦なところから、人びとが生活する集落を見下ろせる。この広場の円丘の中心を少し掘り下げたところに、棺を納める石室が設けられていた。

亡くなった大王などの首長は、この古墳の最上段で、人びとを守る神である首長霊の一部になるとされた。それゆえ古墳の最上段に登る行為は、神々の視点で人びとを見守ることを意味した。

完成形の古墳の三段におよぶ平坦部の縁には、大きな土管のような円筒形をした円筒埴輪がびっしり並べられていた。それは神聖な地を区切る結界で、神社でいう玉垣《たまがき》の役目をはたすものである。

後円部の最上段の中央には四角形の埴輪列があり、その中心には首長霊の神殿にあたる**家形埴輪**がおかれた。それは、亡くなった大王が眠る石室の上を中心とした聖域を区切るためのものであった。

墳丘の形も、三〇〇年前後に「出現期型」から「前期型」に変わった。箸墓古墳などの出現期型の古墳は前方部が小さく撥《ばち》型に開いている。これに対して西殿塚古墳などの前期型古墳は大きく細長い前方部をもつ美しい形をしている。このような古墳は、「柄鏡《えかがみ》型古墳」とも呼ばれる。

　古墳の埋葬施設も、このような前期型古墳が広まる時期に簡単な竪穴石槨《せっかく》から**竪穴式石室**に代わった。吉備の楯築墳丘墓では、棺を板で囲う木槨《もっかく》の葬法が行なわれた。そして大和のホケノ山古墳には、この習俗にならった竪穴石槨がつくられた。それは、棺の周囲を石できっちりと囲んだものであった。

　このような竪穴石槨に、床と天井にあたる部分を付けたものが竪穴式石室である。竪穴

前方後円墳の変化

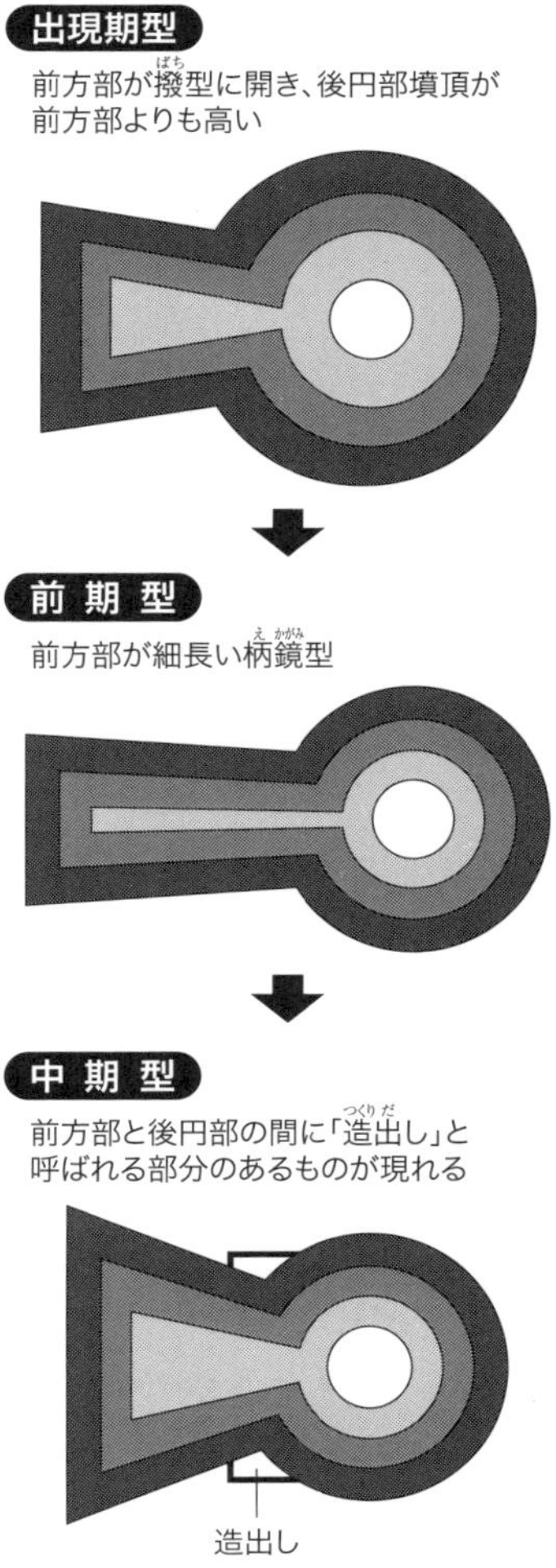
出現期型
前方部が撥《ばち》型に開き、後円部墳頂が前方部よりも高い
前期型
前方部が細長い柄《え》鏡《かがみ》型
中期型
前方部と後円部の間に「造出《つくりだ》し」と呼ばれる部分のあるものが現れる
造出し

竪穴式石室とその構造

竪穴式石室……古墳の墳丘の上から穴を掘り、その穴の中に棺を入れる

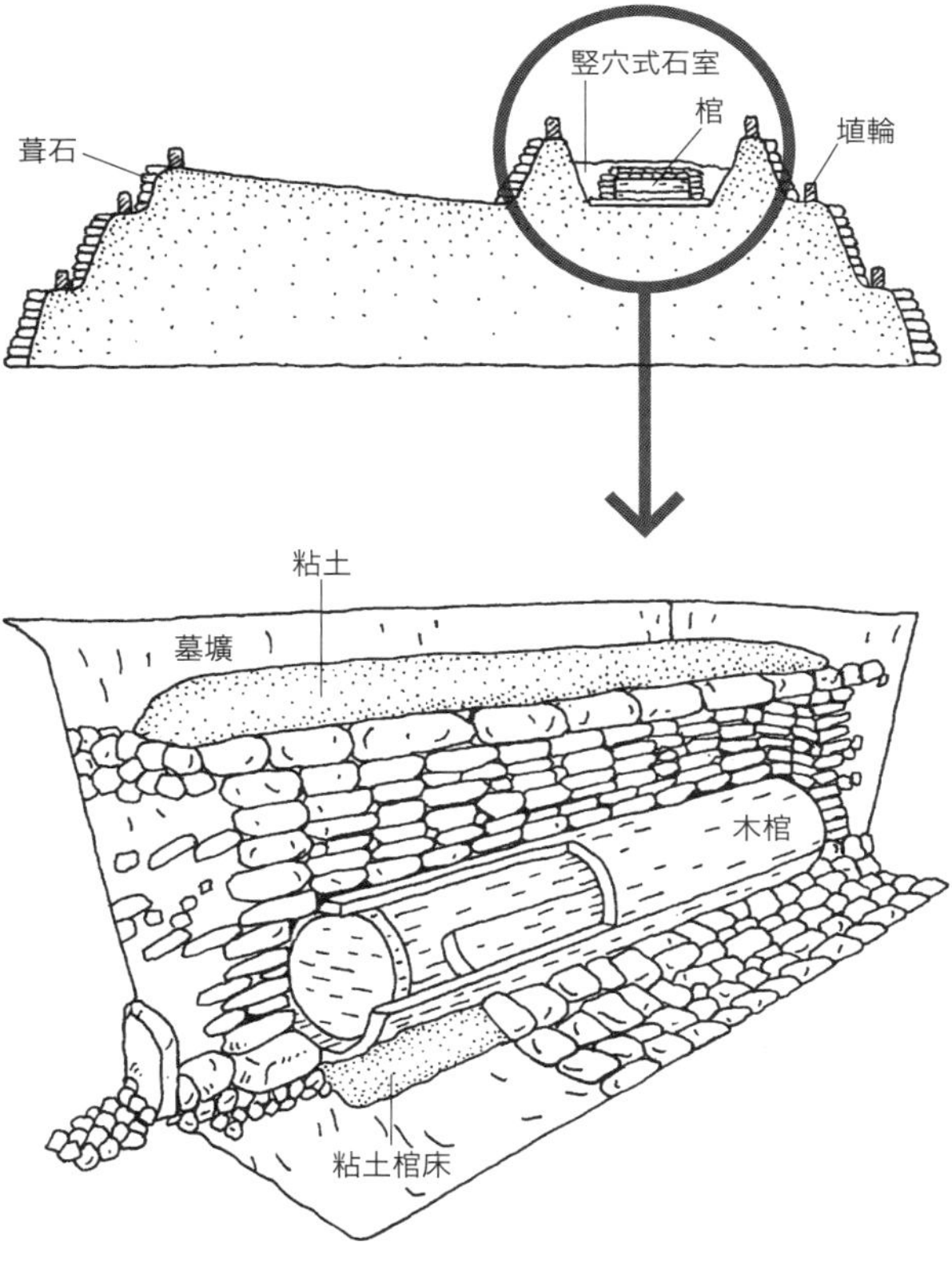

※松本武彦『古墳入門』(講談社)を参考に作成

式石室とは、墓壙《ぼこう》（墓穴）の底に板石を敷いて基盤とし、その中央に粘土棺床《かんしょう》と呼ばれる粘土の台をつくったものである。

棺を置く場所の四方には石を細かく重ねた壁をつくり、棺を安置したあと平たい巨石を壁に架けて天井とする。このあと天井石の上を粘土で密封して、墓壙を埋め戻すのである。

加耶との貿易によって大和朝廷の勢力が拡大する中で、このような完成形の古墳が奈良盆地の全域に広がり、さらに地方のあちこちで築かれるようになっていったのである。

●4世紀末頃、春日氏と葛城氏が王家に従った

大和朝廷の本拠地であった纒向遺跡の中を、大和川の支流である巻向《まきむく》川が流れている。二二〇年頃に纒向に起こった王家は、大和川流域の水上交通を用いて意欲的に各地と交易して勢力を拡大していった。

そのため、まず大和川流域の中小豪族たちが、大和朝廷の王家を中心とした豪族連合に組み込まれることになった。さらに王家は、二八〇年頃に纒向の北方の物部氏を従え、勢力を拡大した。

ところが古墳の分布からみて、四世紀前半頃の奈良盆地に、大和朝廷とは別の二つの有

力な豪族連合ができていたと推測できる。その一つは、現在の奈良市に本拠をおく春日《かすが》氏を中心とするものである。そしてもう一つは、現在の葛城《かつらぎ》市に勢力を張る葛城氏のもとに組織された葛城一族である。

春日氏、和珥《わに》氏などから成る同族団と、葛城氏、平群《へぐり》氏、紀《き》氏などから成る同族団とは、のちに大和朝廷で強い勢力をもつことになる。

しかし四世紀前半まで、春日一族と葛城一族の二つの集団の本拠地には有力な古墳がみられない。三六〇年頃もしくは三七〇年頃になって、ようやくその二つの地域に古墳が広がっていく。

四世紀前半の奈良盆地では、おおやまと古墳集団をつくった王家と物部氏との連合と、古墳をもたない春日一族、葛城一族との三集団が並び立っていたのだろう。

しかし、その三集団が対立していたわけではない。王家の本拠地と河内の間に勢力を張る葛城一族は、ある程度は王家の加耶との往来に協力し、貿易の利益の配分を受けていたとみるほうが妥当である。

それと共に王家は、春日一族と連携して山城、近江を経て北陸や山陰方面と交易していたとみられる。

奈良盆地の豪族分布図

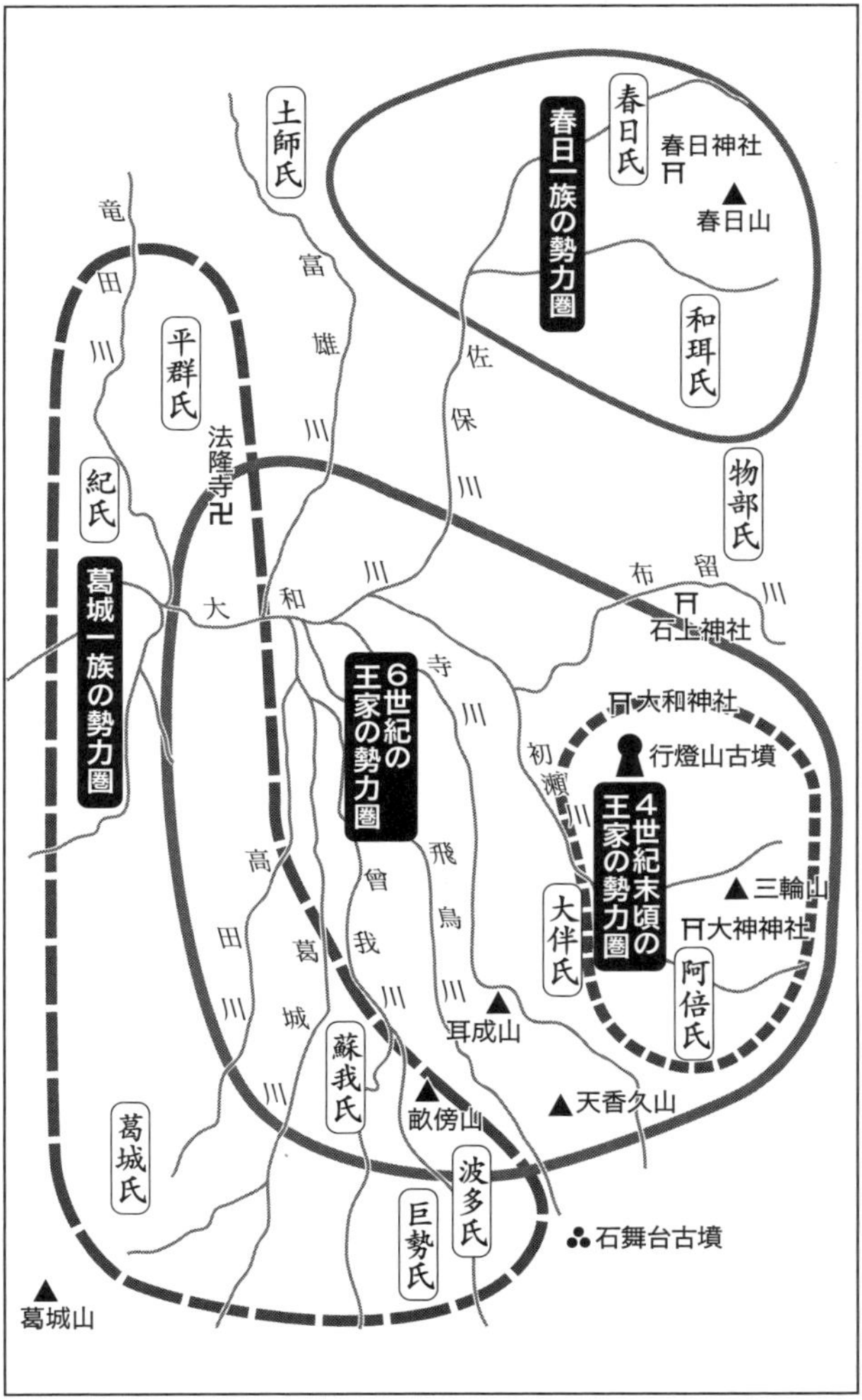
土師氏
春日氏
春日一族の勢力圏
春日神社
春日山
和珥氏
竜田川
富雄川
佐保川
平群氏
法隆寺
紀氏
物部氏
葛城一族の勢力圏
大和川
布留川
石上神社
6世紀の王家の勢力圏
寺川
大和神社
行燈山古墳
初瀬川
4世紀末頃の王家の勢力圏
三輪山
大神神社
大伴氏
阿倍氏
高田川
葛城川
曽我川
飛鳥川
耳成山
蘇我氏
畝傍山
天香久山
葛城氏
波多氏
巨勢氏
石舞台古墳
葛城山

●奈良盆地北部の春日氏を重んじた王家

春日氏の本拠には佐紀盾列《さきたてなみ》古墳群（113ページの図参照）がつくられたが、そこの最古の古墳は、三六〇年頃の奈良市**石塚山《いしづかやま》（宮内庁は神功皇后陵と治定）古墳**である。また葛城氏の本拠の馬見《うまみ》古墳群では、三七〇年頃に**築山《つきやま》古墳**がつくられている。

三六〇～三七〇年頃にかけて、春日一族と葛城一族が古墳づくりの秩序を受け入れて、大和朝廷という大王を上に立てた豪族連合の一員となったのであろう。その時期は、ほぼ一五代応神《おうじん》天皇の時代にあたっている。

このあと述べるように、応神天皇のもとで王家は勢力を大きく拡大した。この応神天皇のような有力な指導者の時代に、春日氏も葛城氏も大王を日本全体の君主と認めたのであろう。そしてその成果をふまえて、**応神天皇の後継者である一六代仁徳《にんとく》天皇は、日本を代表する倭王讃として中国と通交した。**

王家は四、五世紀に春日一族を特に優遇していたとみられる。佐紀盾列古墳群には、四世紀なかば頃までの大王陵に匹敵する全長二〇〇メートルを超える前方後円墳が、八基も築かれているからだ。

春日一族の娘が大王の妃に迎えられた例も多く、春日氏の本拠地にある率川《いさがわ》神社は王家の首長霊とされた三輪山の神を祭る大神《おおみわ》神社の摂社《せつしゃ》とされて、王家によってあつく祭られた。奈良時代には大神神社の鎮花祭《はなしずめのまつり》と率川神社の三枝祭《さいぐさのまつり》は、朝廷に欠かせない疫病しずめの祭りとされていた。

奈良盆地の南部に本拠を置く王家は、五世紀まで「奈良盆地全体を治めるためには、奈良盆地北部に勢力を張る春日氏との連携が欠かせない」と考えていたのだろう。

古市古墳群の最初の古墳は、誰を葬ったものか

●荒れ果てていた津堂城山古墳

藤井寺市**津堂城山古墳**は、古市古墳群と百舌鳥古墳群とから成る河内の古墳群の中で、最初の大型古墳であると評価されている。その古墳は、古市古墳群の北西端に位置している（116ページの図参照）。

この津堂城山古墳は、三七〇年頃につくられた古墳だと考えられており、その全長はかつて約二〇八メートルあったと推測されている。この津堂城山古墳は三段に築成されて二重の周溝をもつ、おおやまと古墳集団の王家の墓と共通するつくりをとっている。

津堂城山古墳は古くから前方部が荒れ果てて、形がわかりにくくなっていた。そのために、明治時代までそこは大きな古墳だと考えられていなかった。ところが明治四五年（一九一二）に、その古墳の後円部から立派な石棺が発見された。このことをきっかけに、そこは陵墓参考地となって現在にいたっている。誰の墓かはわからないが、皇室関係者を葬った可能性をもつ有力な古墳だというのである。

津堂城山古墳の竪穴式石室から出土した石棺は、当時としては最大級の石棺である。それは長持形石棺《ながもちがた》と呼ばれるもので、長さ約三・四八メートル、高さ約一・八八メートルの規模をもつ。

荒れ果てていたため、明治時代に石棺がみつかるまで古墳だと思われていなかった津堂城山古墳

津堂城山古墳の墳丘は埴輪や葺石で飾られており、古墳の副葬品の中には上質の巴形銅器（123ページの図参照）がみられた。加耶に輸出された倭系遺物を代表する巴形銅器を副葬するそこの被葬者は、朝鮮半島との貿易に強い関心をもっていたと考えられる。

この津堂城山古墳の年代は、一五代応神天

津堂城山古墳(左奥)のそばに展示されている石室の天井石。
右奥は長持形石棺のレプリカである

皇が活躍した時期と一致する。応神天皇の時代に日本と百済の間の国交が始まっているが、**応神天皇が外国の使者に大規模な古墳をみせるために、王墓の地を、大和と難波の間の交通路のそばに移した可能性は大きい。**

●百済から贈られた七支刀に刻まれた「倭王」とは

百済の古い記録をもとに『百済記』などの文献がつくられていたが、『日本書紀』の中には『百済記』をもとにした外交関係の比較的確かな記事がある。

それを手掛かりに、日本と百済との国交開始に関する百済の伝承を要約して記すと、次のようになる。

「三六四年に、百済の肖古王《しょうこおう》が日本との国交を

石上神宮から出土した七支刀

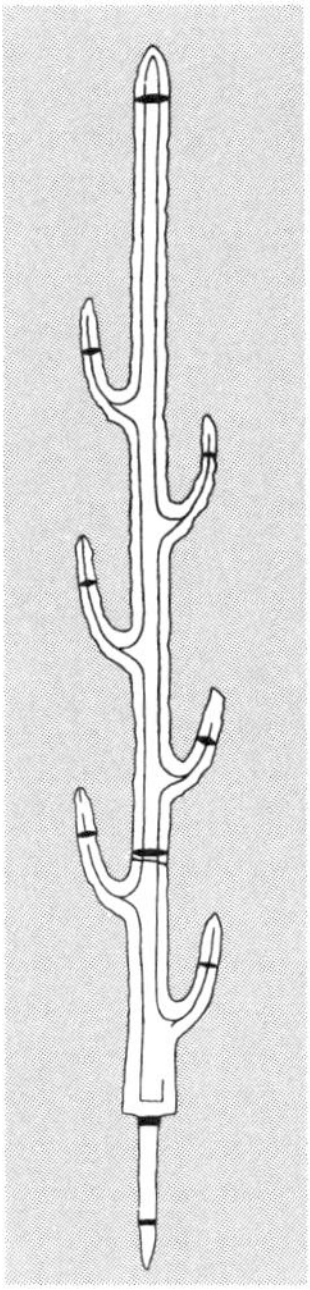

ひらくために加耶の小国の一つである卓淳国《とくじゅんこく》に使者を送った。しかしそのときには、卓淳国と日本との交流はなかったため使者は引き返した。ところがその翌々年に、日本の斯麻宿禰《しまのすくね》がたまたま卓淳国を訪れた。斯麻宿禰は、卓淳王から『百済が日本との交流を望んでいる』と聞いて、従者の爾波移《にはや》を百済に送った。これを受けた百済王は、久氐《くて》を日本に派遣して朝貢した。久氐は三六九年にも日本に来て、七支刀《しちしとう》を献上した」

三六〇年代には、日本と加耶諸国との貿易がさかんに行なわれていたと考えてよい。こういった中で百済と交流のあった加耶の卓淳国から、日本の事情を伝えられた百済の肖古王が「高句麗と対抗するために、日本と同盟を結ぼう」と考えたのだろう。

このような経緯によって、日本と百済との国交が始まった。大和朝廷は、中国の先進文化を取り入れた金銅製（青銅や銅の表面に金を塗ったもの）の装飾品や上質の工芸品を多く産出した百済との貿易を望んだ。そのため、大王たちは百済王の求めに応じてしばしば百済に援軍を送った。

百済王家から贈られた七支刀は、神器として物部氏の手で管理されたらしい。実際、明治時代に物部氏の氏神であった石上《いそのかみ》神宮から七支刀が出土し、そこには「泰和《たいわ》四年（三六九）に百済の太子奇《き》（のちの近仇首王《きんきゅうしゅ》）が倭王の旨《し》のためにこの刀をつくった」という内容の銘文が刻まれていた。ここの「旨」という名前は、応神天皇をさしたものだと考えられている。

応神天皇の実名は「誉田別《ほむたわけ》」だが、かれは「去来紗別《いささわけ》」という別名をもっていた。ワケは敬称で「イ」は「ササ」に添えて音の響きをよくする接頭辞である。だから、応神天皇の実名の本体である「ササ」を、一音で中国風に「シ」と表記したというのである。

●百済との国交を開始した応神天皇の功績

応神天皇は百済と国交をひらいたあと、百済王に求めて王仁《わに》という学者を日本に送らせた。王仁は漢文の外交文書の起草に当たると共に、朝廷の人びとに漢文や儒学などの中国の学問を教えた。応神天皇の王子の菟道稚郎子《うじのわきいらつこ》は、王仁を師として多様な知識を身に付けたと『日本書紀』などにある。百済との国交の開始をきっかけに、日本に漢字が広まりはじめ、「史《ふひと》」という朝廷の書記官も置かれた。

三六〇年頃に、おおやまと古墳集団の王家の墓の中で、最も新しい渋谷向山（宮内庁は景行《けいこう》天皇陵と治定）古墳が築かれている（89ページの地図参照）。この点からみて、三七〇年頃の大王墓を残した一五代応神天皇は、纏向遺跡の周辺に大型古墳を営んだ三代目の大王である一二代景行天皇か、もしくは誉津別命《ほむつわけ》（102ページ参照）の、次の世代に当たると考えられる。

それゆえ私は、**一三代成務《せいむ》天皇と一四代仲哀《ちゅうあい》天皇は実在した可能性が低く、王家の古い系譜では、景行天皇もしくは誉津別命の次に応神天皇がおかれていた**と考えている。

日本武尊《やまとたけるのみこと》の東国遠征の物語は、六世紀はじめ頃につくられたと推測される。そして神功《じんぐう》皇后伝説はこれよりかなり新しいもので、七世紀末ぐらいにまとめられたものだとされている。

これらは単独の伝説として語り継がれてきたものだが、王家の系譜を整える過程で、この二つの伝説が応神天皇より古い時代の大王と結びつけられた。

『日本書紀』は、景行天皇の子を日本武尊としたうえで、かれの子の一四代仲哀天皇の妻を神功皇后とする。仲哀天皇が亡くなったあとに、神功皇后が産んだ皇子が応神天皇だというのだ。

王家のもとの系譜に強引に日本武尊と神功皇后とを組み入れたために、このような年代的にみれば不自然な系図がつくられたのである。

古市古墳群に大王の墓はいくつあるのか

●古墳の年代はどのようにして決まるのか

古市古墳群には、全長二〇〇メートル以上の有力な前方後円墳が七基ある。前項にあげた津堂城山古墳と、これから示す五世紀に次々に築かれた六基の古墳である。

このあと大王墓とみられる古墳がつくられた順番を記すが、これから示す年代はかなり大ざっぱなもので、その数字は、前後に一〇年ぐらい幅をもたせて考えるべきものになる。つまり「四〇〇年頃」の古墳は、三九〇年―四一〇年の間ぐらいに築かれたとするのが妥当なのである。

五世紀の古墳としては、まず四〇〇年頃の**仲ツ山古墳**、次に四二〇年頃の**墓山古墳**がある。宮内庁は墓山古墳を応神天皇陵の**陪塚**《ばいちょう》（152ページ参照）と治定するが、墓山古墳は応神天皇陵とされる誉田御廟山古墳より古い、独立した古墳である。このあとに、古市古墳群最大の**誉田御廟山古墳**ができた。それは四四〇年頃の古墳だとされている。

それから少し間をおいて、四八〇年頃の**市ノ山古墳**、四九〇年頃の**軽里大塚古墳**《かるさとおおつか》、五〇〇年頃の**岡ミサンザイ古墳**といった全長二〇〇メートルを超える古墳が次々に出現する。だが、この三基の古墳は、全長四二五メートルの誉田御廟山古墳よりかなり小さい。

あとで説明するように、『日本書紀』の五世紀の部分の記述の中に、ある程度信頼できる系譜や個々の大王の年代がみられるようになる。そのため、有力な古墳の年代がわかれば「この古墳は〇〇天皇の陵墓ではあるまいか」という推測が成り立つ場合もある。

ところで、このような想定の前提となる古墳の年代は、どのようにして決めるのであろうか。

考古学では、現在は主に、古墳から出土する**須恵器**《すえき》によって古墳の年代を推定する手法がとられている。須恵器という釉《うわぐすり》を用いずに高温で焼いた陶器をつくる技術は、四世紀後半に朝鮮半島から伝わって急速に国内に広がった。

この須恵器は、早くから大王の古墳に副葬されるようになったものである。この須恵器をつくる技術や形は、ほぼ二〇年を単位として細かく移り変わった。しかもその変化は、

古市古墳群と百舌鳥古墳群の有力な古墳の年代

年代	古市古墳群	百舌鳥古墳群
370	○ 津堂城山古墳(208m)	
380		
390		
400	○ 仲ツ山古墳(290m)	
410		
420	○ 墓山古墳(225m)	
430		
440	● 誉田御廟山古墳(425m)	● 上石津ミサンザイ古墳(360m)
450		● 大山古墳(486m)
460		○ 百舌鳥御廟山古墳(203m)
470		
480	○ 市ノ山古墳(230m)	○ 土師ニサンザイ古墳(300m)
490	○ 軽里大塚古墳(200m)	
500	○ 岡ミサンザイ古墳(242m)	

●…巨大古墳(350mを超える)の前方後円墳

○…それ以外の前方後円墳

日本の広い範囲でほぼ同時に起こったことがわかっている。そのため須恵器によって、古墳や遺跡のおおまかな前後関係がわかるのだ。

さらにこれに、出土した木材や木製品の年輪の形による推測や、放射線炭素年代測定法という科学的手法も用いられる。

一年ごとの気候の変化によって木の年輪の形が決まるので、現在では年輪の形だけで、木材とされた木がいつ伐られたのかを推測できる。放射線炭素年代測定法では、生物が死んだあと、体内の放射性炭素が次第に減っていくので、動植物の体に含まれる炭素量からその動植物がいつ頃のものなのかを測定することが可能だ。この他に、銘文が刻まれた鉄刀などの年代を記した考古資料もある。

現代では以上のようなさまざまな手法によって、個々の形式の須恵器のおよその年代もわかるようになってきたのである。

●仁徳天皇の没後に始まった王家の身内争い

『日本書紀』などに、次のような「大王の身内争い」の始まりの物語が記されている。

一五代応神天皇の没後に、三人の王位継承の候補者がいた。そんな中、菟道稚郎子《うじのわきいらつこ》が兄

大王の身内争い

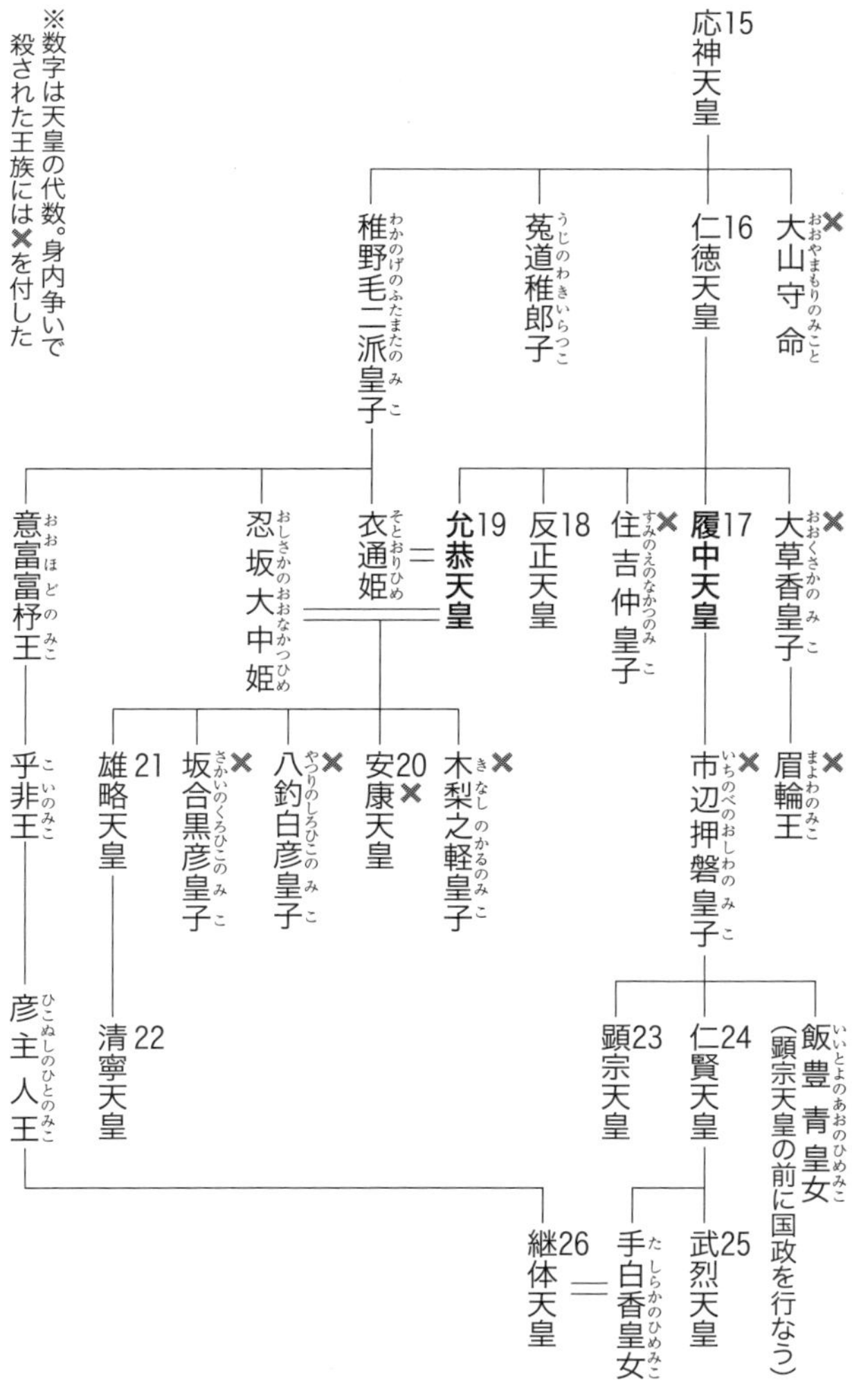
※数字は天皇の代数。身内争いで殺された王族には✖を付した
応神天皇 15
大山守命《おおやまもりのみこと》✖
仁徳天皇 16
菟道稚郎子《うじのわきいらつこ》
稚野毛二派皇子《わかのげのふたまたのみこ》
大草香皇子《おおくさかのみこ》✖
履中天皇 17
住吉仲皇子《すみのえのなかつのみこ》✖
反正天皇 18
允恭天皇 19
衣通姫《そとおりひめ》
忍坂大中姫《おしさかのおおなかつひめ》
意富富杼王《おおほどのみこ》
眉輪王《まよわのみこ》✖
市辺押磐皇子《いちのべのおしわのみこ》✖
木梨之軽皇子《きなしのかるのみこ》✖
安康天皇 20 ✖
八釣白彦皇子《やつりのしろひこのみこ》✖
坂合黒彦皇子《さかいのくろひこのみこ》✖
雄略天皇 21
乎非王《こいのみこ》
飯豊青皇女《いいとよのあおのひめみこ》（顕宗天皇の前に国政を行なう）
仁賢天皇 24
顕宗天皇 23
清寧天皇 22
彦主人王《ひこぬしのひとのみこ》
武烈天皇 25
手白香皇女《たしらかのひめみこ》
継体天皇 26

の大山守命《おおやまもりのみこと》を殺したあと自殺したため、仁徳天皇が王位を嗣いだ。かれは外港である難波に王宮を営み、妻の父にあたる葛城襲津彦《そつひこ》（169ページの図参照）と協力して、意欲的に朝鮮の国々との交渉を行なった。この一六代仁徳天皇が、倭の五王の最初の倭王讃だと考えられる。

仁徳天皇の没後、仁徳天皇の子供と孫の世代で、王族間のさらに激しい「身内争い」が始まったと、『日本書紀』などは記している。その伝承からみて、五世紀に王家は、仁徳天皇の長男もしくは弟の一七代履中《りちゅう》天皇に始まる王族と、一九代允恭《いんぎょう》天皇の子孫にあたる王族との二系統に分かれたと考えるほかない。

最初に履中天皇に関連する王族が王位を継承していたが、ある時期に允恭天皇が大王となり、その子孫に王位を伝えていったのであろう。それゆえ私は、**百舌鳥古墳群に先立ってつくられた古市古墳群は、仁徳天皇の後を嗣いだ履中天皇の流れをひく王族が残したものだと**考えている。

『日本書紀』の系譜には、後世に創作された何人かの人物の名前が組み込まれているが、そのあたりのことは後で説明しよう。

『宋書』に、倭王讃が四二一年と四二五年、四三〇年に遣使したと記されている。讃は三

劉宋朝の中国

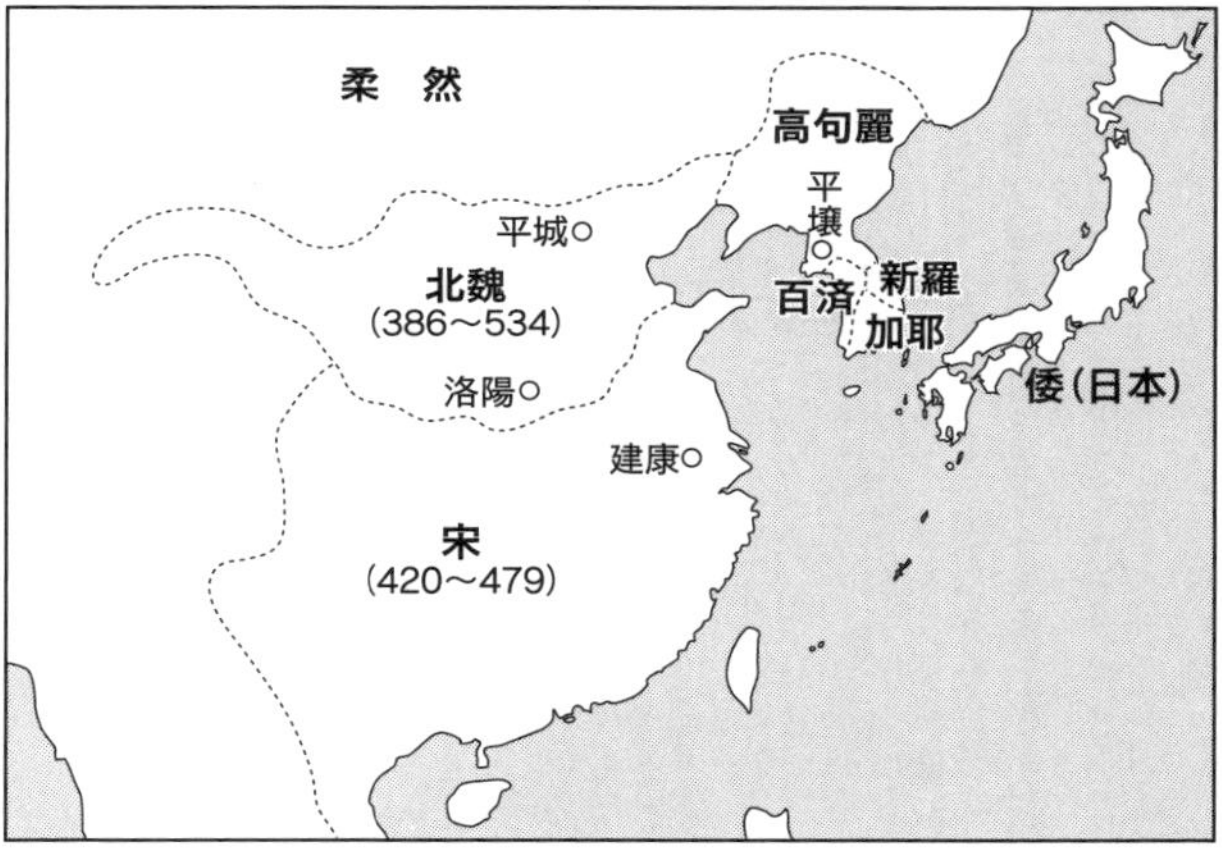

中国の史書『宋書』にみえる倭の五王

421	**讃**、宋に遣使し叙される
425	**讃**、宋に遣使し朝貢
430	倭国王(讃か)、宋に遣使し朝貢
438	**珍**、宋に遣使し「安東将軍、倭国王」となる
443	**済**、宋に遣使し「安東将軍、倭国王」となる
451	**済**、「使持節、都督倭・新羅・任那・加羅・秦韓・慕韓六国諸軍事、安東大将軍、倭王」となる
460	**興**、宋に遣使し、朝貢
462	倭国王興、宋に遣使し朝貢
478	**武**、「使持節、都督倭・新羅・任那・加羅・秦韓・慕韓六国諸軍事、安東大将軍、倭国王」となる

度目の遣使後まもなく亡くなったのだろうから、倭王讃に相当する仁徳天皇の古墳は、いちおう古市古墳群で三番目に築かれた墓山古墳であったと推測できる。

そうするとそれより古い仲ツ山古墳は、仁徳天皇の前に王位にあったかれの兄弟ということになるが、そのあたりのことは後で改めて説明しよう（195ページ参照）。

倭王讃の次の倭王珍は四三八年に、劉宋朝に遣使した。**この倭王珍を仁徳天皇の後継者である履中天皇とみるのが自然だから、四四〇年頃につくられた誉田御廟山古墳が履中天皇の墓である**可能性は高い。

●7基の大王墓のうち被葬者が明確なのは4基だけ

次の一八代反正《はんぜい》天皇の伝承が不確かなので、私は、かれは系譜を整えるために後になって加えられた人物とみている。

このあと古市では四〇年ほど、大型古墳がつくられなくなる。そして四八〇年頃から五〇〇年頃にかけて市ノ山（市野山）古墳、軽里大塚（前ノ山）古墳、岡ミサンザイ古墳の三基の古墳が築かれた。この三基の古墳は、履中天皇の流れをくむ王族が、再び大王を出すようになったあとの大王墓であろう（154ページ参照）。

古市古墳群の有力な古墳と推定される被葬者

年代	古墳名	宮内庁が治定	著者が推定する被葬者
370年頃	津堂城山古墳（208m）	藤井寺陵墓参考地	15代応神天皇
400年頃	仲ツ山古墳（290m）	15代応神天皇后仲津媛陵	16代仁徳天皇の兄弟である大山守命《おおやまもりのみこと》か菟道稚郎子《うじのわきいらつこ》か？
420年頃	墓山古墳（225m）	15代応神天皇陵陪塚	16代仁徳天皇
440年頃	誉田御廟山古墳（425m）	15代応神天皇陵	17代履中天皇
480年頃	市ノ山古墳（230m）	19代允恭天皇陵	市辺押磐《いちのべのおしわの》皇子《みこ》？
490年頃	軽里大塚古墳（200m）	12代景行天皇皇子日本武尊（白鳥陵）	飯豊青皇女《いいとよのあおのひめみこ》（天皇）？
500年頃	岡ミサンザイ古墳（242m）	14代仲哀天皇陵	24代仁賢天皇

その三基の中でも最後につくられた岡ミサンザイ古墳は、継体《けいたい》天皇の妻の父にあたる仁賢《にんけん》天皇の墓である可能性が高い。

これまで述べたように私は、**古市古墳群に七基の大王の墓がつくられた**と考えている。そして、その中の『日本書紀』などにみえる大王は、応神、仁徳、履中、仁賢の四人となる。五世紀の大王墓の中には、どの大王を葬ったのかわからないものがかなり多いのだ。

古市古墳群の王墓から出現した「水鳥の埴輪」の謎

●周濠につくられた小島で行なわれた「清め」の儀式

古市古墳群の最初の古墳である津堂城山古墳に、それまでの古墳にない新たな施設がみられる。それは、前方部の両側に設けられた周濠の中の四角形の島である。

この中の東側の小島（132ページの写真参照）が調査されたことがあるが、それによって、四角い島の周濠の外側に面した一辺に、入江のように浅く湾入した部分がつくられていることがわかった。その湾入したところには、水鳥を形どった埴輪が置かれていた。

津堂城山古墳と同じ頃に葛城氏が築いた奈良県の巣山《すやま》古墳でも、似たような島と水鳥形埴輪がみつかっている。さらにその古墳の周濠からは、船材も出土した。

このような周濠内の島は、故人の「清め」の場であったと考える考古学者もいる。故人の死の穢《けが》れを清めるために、被葬者の遺体を船に乗せて水を渡らせて、鳥の埴輪のある島に送る儀式が行なわれていたというのだ。

白鳥などの水鳥は、人びとの魂をあの世に連れていく鳥だとされていた。だから亡くなった大王の霊魂は、埴輪の水鳥を訪れる精霊たちに導かれて神々の世界に行くといわれたのであろう。

古墳の水をたたえた周濠は、もともと故人の穢れを清めるためにつくられたものだが、津堂城山古墳の被葬者であると、私が推定する応神天皇の時代から、大王のための葬礼のお清めが、より荘厳なものにされたと推測される。

巣山古墳で出土した水鳥の埴輪。
これと似たものが津堂城山古墳でもみつかった

五世紀の大型古墳には、前方部と後円部の間に「造《つくり》出《だ》し」と呼ばれる突出部（125ページの図参照）が設けられているものが多くみられる。この突出部では何らかの祭祀が行なわれたと推測されているが、周濠の中の島が発展して突出部になったのかもしれない。

この突出部の出現と同じころ、大型古墳の前方部の発達が目立つようになった。四世紀の古墳時代前期には後円部より低くつくられていた前方部が、古墳時代中期には後円部と同じ高さになり後円部と続く形になっているのだ。

それと共に前方部の前の辺が拡大し、古墳によっては後円部の直径を超えるようになった。そのため、五世紀の古墳の前方部が台形になり、前方部と後円部がひと続きになった前方後円形の大型古墳は、みる者により強い威圧感を与えるようになったのである。

●古墳時代中期の副葬品に武器が多いわけ

古墳時代中期が始まる四世紀末に、古墳の副葬品にも大きな変化がみられた。
首長霊の祭祀の場とされていた古墳時代前期の古墳では、副葬品にも一定の約束事があったと推測できる。大王が王家と同盟関係にある豪族に、その地位に応じた規模の前方後円墳の築造を命じていたからである。

古墳の規模は、そこに葬られた者の首長霊の、神々の世界における地位を表すものと考えられた。だから副葬品に用いる祭器も被葬者の出自に応じた、大ざっぱな数が決められていた。故人の好みで副葬品を選ぶわけにはいかなかったのだ。

ところが、そのような規制は古墳時代中期に後退していったらしい。そのため、それほど大きくない古墳からも、多くの鉄製の武器や馬具が出土する例もみられるようになる。

四世紀末に大和朝廷と百済の同盟が成立したあと、朝鮮半島ではしばしば日本を巻き込んだ戦いが行なわれた。これによって、軍事力をもつ者がより有利な条件で貿易を行なうようになっていった。朝鮮半島から、より良い輸入品をもたらす指導者が求められたのである。

そのため、この時代の大王や有力豪族は、自分の治める領地の人びとに、優れた軍事的指導者であることを誇示するために多くの武器、甲冑や馬具を副葬した。

馬と乗馬の技術が四世紀末に伝わるが、このあと王家や豪族は、各地に牧場をひらいて馬を繁殖させると共に、朝鮮半島から技術者を招いて馬具を量産させた。

戦いの続く時代には、より多くの武器、甲冑《かっちゅう》や馬具をもつ者が優位に立つ。だから大王や有力な豪族は、戦争に必要なものを量産し、戦いのための有り余る甲冑、武器、馬具をもったうえで、その中のわずかな部分を古墳に納めた。古墳の被葬者が、貴重であったそれらの品を、副葬品とするために独占していたわけではない。

誉田御廟山古墳が「応神天皇陵」と治定されたわけ

●古市古墳群の全盛期に築かれた巨大古墳

古市古墳群の最大の古墳が、小山のような姿をした誉田御廟山古墳である。その巨大古墳は、それまで古市に築かれた大王墓の二倍近くにあたる全長約四二五メートルの規模を誇る。

全長三五〇メートルを超える古墳は、大型古墳と区別するために便宜上、「巨大古墳」と呼ばれている。日本では巨大古墳は、古市古墳群の誉田御廟山古墳と百舌鳥古墳群の上《かみ》石津《いしづ》ミサンザイ古墳、大山古墳の三基しかみられない。

この誉田御廟山古墳は、古墳の全長で大山古墳（約四八六メートル）に及ばないため、全国首位の座は大山古墳に譲ることになった。しかし、古墳の墳丘の盛り土の量、つまり体積では大山古墳と一、二を争う。

そのため、大山古墳と誉田御廟山古墳をともに日本一の古墳とする評価もある。誉田御廟山古墳は津堂城山古墳、仲ツ山古墳、墓山古墳に次いで古市に出現した大王墓であるが、**古市を奥《おく》つ城《き》（墓所）とした王族は、誉田御廟山古墳ができた四四〇年頃に全盛期を迎えたのであろう。**

その王族の繁栄が続いていれば、四五〇年代以後も古市に巨大古墳が築かれたかもしれないが、誉田御廟山古墳のあと、しばらく古市に目立った古墳がみられなくなる。

私は、誉田御廟山古墳の被葬者は履中天皇だと推測しているが、古墳からみて、履中天

『河内名所図会』に描かれた、小山のような誉田御廟山古墳（応神天皇陵）。かつて頂上には誉田八幡宮の奥の院があり、そこへ至る石段があった

皇の没後にかれの子孫の勢力が後退した可能性は大きい。

●古墳の頂上に八幡宮の奥の院があった！

誉田御廟山古墳の巨大な墳丘は、古くから注目されてきた。奈良時代に大和や河内に応神天皇を祭神とする八幡《はちまん》信仰が広まったあと、巨大な誉田御廟山古墳が神とされた応神天皇の御陵と考えられるようになった。

そのため誉田御廟山古墳のそばに、誉田八幡宮がつくられた。応神天皇の実名を「誉田別《ほむたわけ》」というが、その中の「ホムタ」が訛《なま》って「こんだ」という言葉が神社名にされた。

二九代欽明《きんめい》天皇の勅命によって、誉田八幡宮がつくられたとする伝承がある。しかし欽明天皇の時代にあたる六世紀なかばには、日本に神社の社殿を建てる習俗はなかった（53ページ参照）。だから欽明朝成立というのは疑わしいが、誉田八幡宮の起源は八幡信仰が広まる奈良時代あたりに求められるのではあるまいか。

かつて誉田御廟山古墳の後円部の上には、誉田八幡宮の奥の院が建てられていた。江戸時代には頂上の奥の院に向かう石段がつけられており、その石段の両脇には並木が植えられていた。

八幡宮を信仰する人びとが、応神天皇の墓所を参拝していたのだ。このような経緯によって明治の治定のときに、誉田御廟山古墳が応神天皇陵とされたのである。そのあと奥の院の建物が解体され、現在は奥の院の基礎だけが残っている。

●陪塚から出土した貴重な金銅の馬具

誉田御廟山古墳を取り巻く形で、いくつかの陪塚《ばいちょう》と呼ばれる中小型の古墳が設けられていた。陪塚とは大型古墳の被葬者を祭るためにつくられるもので、そこには副葬品や、故人と特別に親しかった近臣の遺骸《いがい》が納められていた。

五世紀なかばあたりから有力な古墳の一部に陪塚がみられるようになるが、陪塚は主となる古墳の被葬者の権威をより高めるためにつくられたと推測される。

誉田八幡宮の社宝の中に、誉田御廟山古墳の北側におかれた**誉田丸山《まるやま》古墳**（116ページの図参照）という陪塚から出土したとされる金銅装馬具《こんどうそうばぐ》が伝えられている。

金銅製の工芸品は、当時、きわめて貴重なものであった。日本では金が採れなかったためである。

したがって金銅の工芸品は、百済産のものか百済経由で輸入された中国産のものと考えられる。日本と百済の国交が四世紀末に始まっていたが、一七代履中天皇の時代にあたる五世紀なかば頃になって、はじめて金銅製品が日本の一部の有力者のもとに入ってくるようになったのであろう。

これは履中天皇のあたりから、日本が百済と高句麗の戦いで重要な役割をはたしていたことを物語る。このあたりの国際関係については、四章で詳しく解説しよう。

そして、百済王家から美しく輝く金銅製の工芸品を得られるようになったために、王家や王家の連携する豪族たちは、より意欲的に百済に加担するようになっていったと推測できる。誉田八幡宮が所蔵する金銅製馬具は国宝に指定されており、竜文と唐草文を組み合わせた模様を透かし彫りにした美しいものである。

誉田御廟山古墳は、この馬具が出土した誉田丸山古墳の他にもいくつか有力な陪塚をもつ。誉田丸山古墳の東隣に、**狼塚《おおかみづか》古墳**という直径二八メートルの円墳がある。その陪塚の墳丘には、水の祭りを行なう導水《どうすい》施設をかたどった大型の埴輪が置かれていた。

また誉田御廟山古墳の西側の**アリ山古墳**からは、刀剣、鉄鏃、農工具などの二〇〇〇点を超える鉄製品が出土した。その陪塚は一辺約四五メートルの方墳で、副葬品は三か所に分けて埋められていた。

古市古墳群の最後の大王墓は、誰を葬ったものか

●欽明天皇の頃まで続いた履中天皇系王族

履中天皇が四四〇年頃に亡くなったあと、大王の地位はしばらく履中天皇系の王族から離れた。そして四八〇年頃に、再び履中天皇系の王族が大王を出すようになった。このあと三人の大王が立ったとみられる。

『日本書紀』のもとになった履中天皇系王族の系譜が信頼できるならば、その三人は、市《いちの》辺押磐皇子《べのおしわのみこ》、飯豊青皇女《いいとよのあおのひめみこ》、仁賢天王になると私は考えている（141ページの図参照）。『播《はり》

磨国風土記《まのくにふどき》』は、市辺押磐皇子のことを「市辺天皇命《いちのべのすめらみこと》」と記している。二一代雄略《ゆうりやく》天皇が没したあとで、豪族たちが雄略天皇の皇子たちを退《しりぞ》けて、老齢になっていた市辺押磐皇子を大王にしたのではあるまいか。このあと、かれの娘の飯豊青皇女が女帝に立ち、次に仁賢天皇が王位についた。

四八〇—五〇〇年にいたるあたりは、老齢で治世の短い大王が次々に立った混乱期であった。そして、この混迷のあとに、王位につくのにふさわしい人物が履中天皇系の王族にいなくなった。そのため、王家の傍系であった二六代継体《けいたい》天皇が履中天皇の流れをひく手《た》白香皇女《しらかのひめみこ》を后にして、入り婿の形で王位を嗣いだ。

古市古墳群の最後の大王墓は五〇〇年頃の岡ミサンザイ古墳であるが、古市における古墳の造営は、六世紀なかば頃まで行なわれていた。このことは、履中天皇系の王族が、継体天皇が立ったあとも朝廷の有力者としての地位を保っていたことを物語っている。

●日本武尊の墓が三つもある謎

古市古墳群の中に、古墳の愛好者たちに「日本で最も美しい古墳」とされる**軽里大塚古墳**《かるさとおおつかこふん》がある。この古墳の墳丘は、前方部を翼のように大きく広げた形をとっている。前に五

その美しさから日本武尊の
陵墓と治定された軽里大塚古墳

世紀の古墳は前方部の前方の辺が長くなることを述べたが（147ページ参照）、軽里大塚古墳の前方部は前方の辺、つまり台形の底の部分が長い台形をしている。

さらに前方部と後円部の間のくびれもあまりなく、後円部が自然な形で前方部に連なっている。ゆえに多くの古墳をみてきた者は、この軽里大塚古墳の墳丘の形を、最も整った前方後円形と評価するのである。

軽里大塚古墳は、全長約二〇〇メートルの前方後円墳で四九〇年頃のものとされている。この古墳は、古市の大王墓の中で最も小さい。しかも古墳の年代からみて、そこの被葬者の治世は一〇年程度の短いものであった。

「日本で最も美しい古墳」の被葬者は、前にふれた飯豊青皇女という中継ぎの女帝で、短く恵まれない治世を送った人物であったのかもしれない。

宮内庁はこの「日本で最も美しい古墳」を、日本武尊の白鳥陵《しらとりのみささぎ》に治定した。日本武尊は父の命令を受けて東国遠征に向かったが、大和へ帰る途中、伊勢で倒れたと伝えられる英雄である。かれが亡くなったときに、その魂は白鳥となって大和に向かったという。

『日本書紀』には、日本武尊の墓を伊勢の能褒野《のぼの》につくったところ、御陵の中から巨大な白鳥が飛び立って大和の琴弾原《ことひきはら》に向かったとある。この白鳥は琴弾原にしばらく留まったあと河内の古市邑《ふるいちむら》に向かい、そこにしばらくいたのちに空の果てに去っていったという。

そのために、三重県亀山《かめやま》市と奈良県御所《ごせ》市、大阪府羽曳野《はびきの》市の三か所に日本武尊を葬った「白鳥陵」と呼ばれる古墳が残されることになった。

日本武尊は伝説上の人物に過ぎないが、軽里大塚古墳の美しい墳丘の形から、その古墳は悲劇の英雄の墓にふさわしいとされたのではあるまいか。

●5世紀末に出現した履中天皇系最後の大王の古墳

軽里大塚古墳に続いて五〇〇年頃に古市古墳群の西端に岡ミサンザイ古墳がつくられた。墳丘の長さでいえば、その古墳は古市古墳群の中で三番目に有力な古墳になる。

履中天皇系の最後の大王の時代に、大和朝廷は安定に向かいはじめたのであろうか。『古事記』などの伝承を手がかりにそのあたりのことを推測すると、次のようになる。

一九代允恭天皇の流れをひく二一代雄略天皇の引き立てによって、平群真鳥《へぐりのまとり》が朝廷で大きな勢力をもつようになった。平群氏は、葛城一族に属した大豪族である。しかし、允恭天皇系の王族から履中天皇系の王族への交代がなされた直後に、平群真鳥、鮪《しび》の父子は滅ぼされた。

このあと大和朝廷の大豪族が、それぞれ思い思いの王族を担いで勢力争いを始めた。そのために指導力の弱い飾り物の大王が立てられていたが、五〇〇年近くになってようやく争いがおさまった。

当時の朝廷で最も有力な二大豪族を代表する大伴金村《おおとものかなむら》と物部麁鹿火《あらかひ》の二人が手を結んで、豪族たちを何とかまとめ上げたのである。このときかれらは、履中天皇の嫡系の孫にあたる二四代仁賢天皇を大王に立てたが、これは誰からも文句の出ない人選であった。

しかし、履中天皇が四四〇年頃に亡くなったことからみて、履中天皇の嫡孫は四九〇年あたりには、すでに老齢であったと推測できる。かれはしばらくして、男性の後継者を残さず亡くなった。このように考えれば、岡ミサンザイ古墳の被葬者は仁賢天皇である可能性が高い。

四章

古市古墳群とは別に「百舌鳥古墳群」を営んだのは誰か

日本最大の大山古墳を擁する百舌鳥古墳群

●古市古墳群の近くにつくられた大古墳群

古市古墳群の西方約一〇キロメートルあたりに広がるのが、百舌鳥《もず》古墳群である。その古墳群は、大阪湾に面した台地の上に築かれたものである。

この百舌鳥古墳群は、堺市の旧市街地の南東に位置している。そこの約四キロメートル四方の区画内には、現在四四基の古墳の存在が確認されている。

古代には、百舌鳥古墳群に一〇〇基以上の古墳があったとも推測できるが、中小規模の古墳で現在までに破壊されてしまったものも多い。

百舌鳥古墳群の地と古市古墳群の地とは、大津《おおつ》道と丹比《たじひ》道の二本の大和朝廷の幹線道路で結ばれていた（113ページの図参照）。百舌鳥古墳群のすぐ北方に住吉津《すみよしのつ》という有力な港があり、そこは朝鮮半島との交流の場で活躍した津守《つもり》氏の本拠であった。

朝鮮半島の諸国の使者は、住吉津か、住吉津より約八キロメートル北方の難波津《なにわつ》で船を下りたと考えられる。住吉津に着いた者は港のそばから幹線道路で大和に行き、難波津に着いた者は陸路で南方に進んで住吉の近くで幹線道路に出た。

百舌鳥古墳群

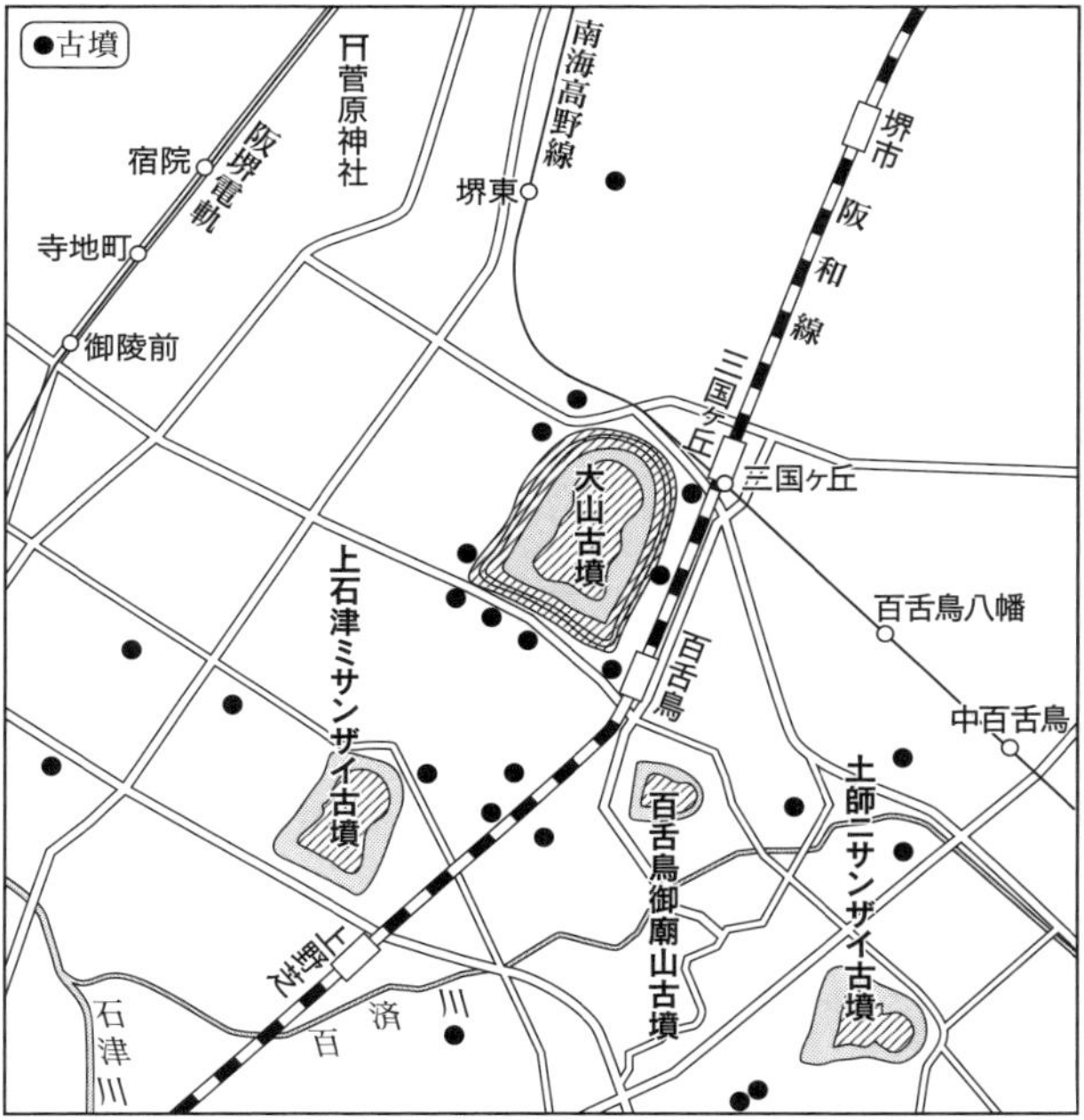

住吉津に着いた者は、船の上から百舌鳥古墳群の大型の古墳をみることになった。また難波津に着いた者は、まず百舌鳥古墳群の中を通り、次いで古市古墳群の中を抜けていくことになった。

朝鮮半島の国々からさまざまな商品を持ち込んだ交易民たちも、これと同じ道筋を通ったと考えられる。彼らは、あまたの巨大な古墳をつくらせた大和朝廷の権威の大きさに、さぞかし驚かされたことであろう。

●後発の王族が営んだが突然、姿を消した

百舌鳥古墳群には、全長二〇〇メートルを超える古墳が四基ある。全長約四八六メートルの**大山（宮内庁は仁徳《にんとく》天皇陵と治定）古墳**と、全長約三六〇メートルの**上石津ミサンザイ（宮内庁は履中《りちゅう》天皇陵と治定）古墳**、これに全長約二〇三メートルの**百舌鳥御廟《ごびょうやま》山古墳**である。

この中の大山古墳、上石津ミサンザイ古墳が全長三五〇メートルを超える巨大古墳である。大山古墳が日本最大の古墳であることはよく知られているが、日本に三基しかない巨大古墳のうちの二基が百舌鳥古墳群にあるのだ。

代表的な古墳の規模から評価する限り、こう評価せざるを得ない。

「百舌鳥古墳群は、日本で最も有力な古墳群である」

後発の一九代允恭《いんぎょう》天皇系の王族が、先に有力な古墳群を営んだ一七代履中天皇系の王族と張り合う形で、古市のものより有力な古墳を次々と築いたのであろう。

古市古墳群の地に土師《はじ》氏の有力な集団がいたが（112ページ参照）、百舌鳥にもそれに劣らない土師氏の一派があった。百舌鳥を本拠とした土師氏は「百舌鳥土師氏」とか「土師氏の毛受腹《もずばら》」と呼ばれた。

全長が350mを超える大山古墳（左）と上石津ミサンザイ古墳（右）。日本に三基しかない巨大古墳のうちの二基である

履中天皇系の王家に取って代わって大王となったときに、允恭天皇が古市にいた土師氏の一部を百舌鳥に移住させたと思われる。堺市戎町《えびすちょう》に、百舌鳥土師氏の氏神の流れをくむ菅原《すがわら》神社がある。そこでは菅原道真と共に、土師氏の祖先とされる天穂日《あめのほひの》命《みこと》と野見宿禰《のみのすくね》が祭られている。

日本最大の古墳を築いたことから考えれば、百舌鳥土師氏は、各地の土師氏の中で最も優れた古墳づくりの技術をもっていたのかもしれない。また、のちに百舌鳥土師氏の流れをくむ土師真妹《まいも》は、渡来《とらい》系の高野（和《やまと》）乙継《おとつぐ》という中流の役人と結婚して、桓《かん》武《む》天皇の母にあたる高野新笠《たかののにいがさ》を産んだ。

じつは百舌鳥古墳群は、四八〇年頃に前触れもなく姿を消している。土師ニサンザイ古墳という大型古墳が、そこの最後の古墳であるらしいのだ。允恭天皇系の王族は、その絶頂期のさなかに、なぜ突然姿を消したのであろうか。

なぜ古市古墳群とは別に、百舌鳥古墳群が営まれたか

●急速に豊かになり、王族間で争いが始まる

百舌鳥古墳群には、大王墓とみられる四基の古墳がある。四四〇年頃の上石津ミサンザイ古墳、四五〇年頃の大山古墳、四六〇年頃の百舌鳥御廟山古墳、四八〇年頃の土師ニサンザイ古墳である（139ページの図参照）。

説明の都合のうえで結論を先にいえば、私は、最も新しい**土師ニサンザイ古墳が四七八年に中国の劉宋朝に遣使した倭王武**《わおうぶ》**、つまり二一代雄略天皇の墓**だと考えている。そこから百舌鳥古墳群は、雄略天皇の父にあたる一九代允恭天皇に始まる王族の墓だという推測が導き出される。

『日本書紀』に「大王の身内争い」の物語が書かれているが、その物語の舞台となる**五世紀は、強い指導力をもつ大王がおらず、有力な王族が各々の宮を営んで勢力を競っていた時代**であったとみられる。

四世紀末の一五代応神天皇の時代までの王家は、他の勢力と対抗するために大王の指導のもとに団結してきた。かれらは「古代都市」と呼ぶのにふさわしい規模をもつ纒向に拠《よ》っていた。

ところが応神天皇のときに、大和朝廷の勢力はめざましく拡大した。王家は春日《かすが》氏と葛《かつら》城《ぎ》氏を豪族連合に加えたことによって大和一国を手中に収め、さらに河内《かわち》と山城《やましろ》に拠った小勢力も従えていった。この時代はのちに摂津《せっつ》、和泉《いずみ》となる地域まで河内に含まれていた。ゆえに王家は四世紀末に、のちに「畿内」と呼ばれる近畿地方中枢部すべてを本拠とする豪族連合を、思いのままに動かせる指導力をもつにいたったのである。

さらに応神天皇が百済《くだら》との貿易を始めたことによって、大和朝廷は急速に豊かになっていった。このような背景のもと、応神天皇の王子たちが婚姻関係で親密になった豪族と組んで自立するようになったとみられる。

『日本書紀』に、応神天皇の三人の有力な王子が王位をめぐって反目したと記されている（140ページ参照）。さらに、大山守命《おおやまもりのみこと》が菟道稚郎子《うじのわきいらつこ》に討たれたあと、海女《あま》が王家への献上品を宇治《うじ》に持って行ってよいか、難波《なにわ》に捧げればよいのか迷ったという記述がある。

この話は取りようによっては、和珥《わに》氏が宇治に王宮をもつ和珥日触《ひふれ》の娘が産んだ稚郎子を大王に立て、葛城氏が葛城磐之媛《いわのひめ》を妻とする難波宮の大雀《おおささき》（仁徳天皇）を王位につけるといった形で、二人の大王が立ったようにも読み取れる。

『日本書紀』などには、そのあと稚郎子が自殺したので仁徳天皇が大王になったと記されている。そして一六代仁徳天皇のもとで王家はいったんまとまったが、仁徳天皇の没後に仁徳天皇の王子たちの争いが始まったという。

●履中天皇系の王族と対立した允恭天皇

五世紀に大王になった者は、百済との貿易で得る利益をほぼ独占することができた。そのため大王になれば、百済から王家に送られてきた上質な工芸品を王族や豪族に分け与えることによって、かれらを思いのままに従わせることができる。

このような背景の中、有力な王族の間で、さかんに王位争いが行なわれるようになったのだろう。しかし、その詳細を知る手掛かりは残っていない。

『日本書紀』や『古事記』に記された「大王の身内争いの物語」は、史実をもとに後世の脚色を多く加える形でできたものにすぎない。それは七世紀なかば頃に、王家に都合の良いようにまとめられ、美化された物語になっている。『日本書紀』などは、仁徳天皇の子供の世代の王位継承を次のように記している。

「仁徳天皇が亡くなった直後に、一人の女性の取り合いをきっかけにして、葛城氏系の平群《へぐり》氏と結んだ履中天皇と、難波に本拠をおく阿曇《あずみ》氏に推された住吉仲皇子《すみのえのなかつのみこ》との争いが起こった。この事件で住吉仲皇子が倒されると、履中天皇→反正天皇→允恭天皇へと王位継承がなされた。允恭天皇は王位に就くのをいったん辞退したが、后の忍坂大中姫《おしさかのおおなかつひめ》の熱心な勧めを受けて大王となった」

しかし私は、反正天皇の子孫に当たる王族の活躍がみられないことから、**「瑞歯別《みずはわけ》」の名をもつ反正天皇は、ただの王子で大王になってはいなかった可能性が高い**と考えている。無力な王子の子の名前はすぐに忘れられてしまう。仁徳天皇の後継者とされたのは履中天皇であろうが、なぜかれは子供の市辺之押磐皇子《いちのべのおしわのみこ》に王位を伝えられなかったのであろうか。

仁徳天皇の没後に、履中天皇、住吉仲皇子、稚子宿禰《わくごのすくね》（允恭天皇）といった仁徳天皇の近親者たちの対立が始まったとするのが実情に近いのではあるまいか。このとき住吉仲皇子が敗れ、いったんは履中天皇が大王になったのであろう。

しかし、履中天皇の没後、允恭天皇が強引に市辺之押磐皇子を退けて大王に立ったのかもしれない。あるいは履中天皇の治世に、一部の有力者らが稚子宿禰を強引に大王に立てたこともあり得る。今となっては、その真相を確かめることは難しい。

●百舌鳥での王陵築造は允恭天皇の〝宣言〟だった

王家で短期間の二朝対立が起こったことによって、それまでの古市の他に、百舌鳥という新たな王家の王陵の地がひらかれることになったとも想定できる。

その場合は、百舌鳥を王陵の地とした允恭天皇が次第に王族や豪族の支持を集めていって、履中天皇の没後に正式に大王と認められたことになる。

王家の古墳の多くは大王が生前につくった寿陵《じゅりょう》であるが、允恭天皇は履中天皇系の王族から自立して大王を称したすぐあと（四四〇年頃）に、海岸の近くに上石津ミサンザイ古墳を築いたとみられる。これは、次のように宣言する行為であった。

「允恭天皇家の王家は、今後は朝鮮半島の経営に全力を尽くす」

考古学者の間では、現在のところ、このように考えられている。

「百舌鳥古墳群の中の上石津ミサンザイ古墳は、古市古墳群の中の誉田御廟山古墳とほぼ同時期の古墳であるが、前者は後者より少し早くつくられた」

この説に従えば、次のようになる。

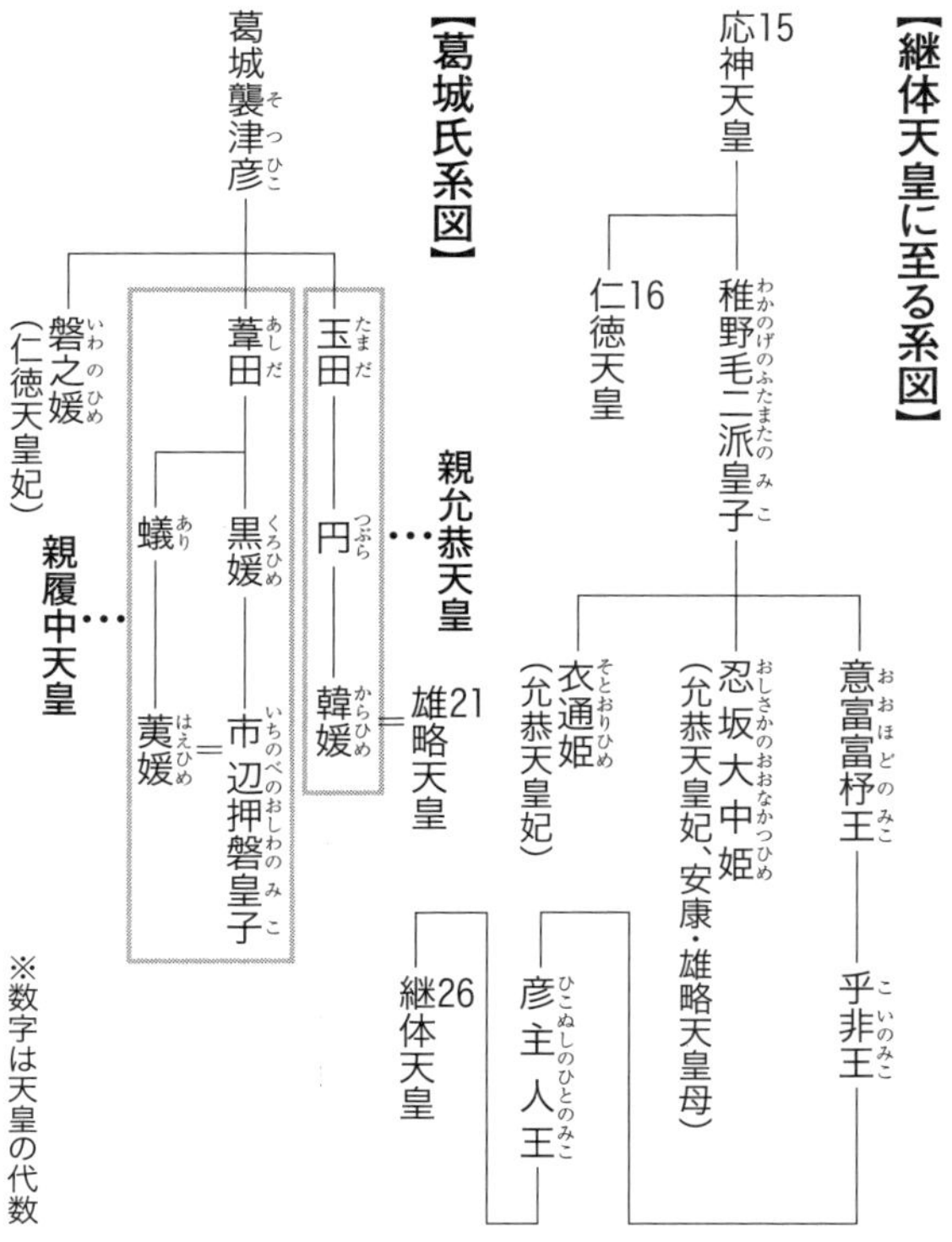

「履中天皇の治世に、允恭天皇が履中天皇より先に自分の寿陵を築き、これを知った履中天皇が允恭天皇に対抗するために、かれのものより大きな古墳をつくらせた」

上石津ミサンザイ古墳の全長は約三六〇メートルで、誉田御廟山古墳の全長は約四二五メートルである。

しかしこの説明は一つの可能性を示すもので、その真偽を明らかにすることはできない。仁徳天皇の弟にあたる稚野毛二派皇子《わかのげのふたまたのみこ》に始まる、有力な王族がいた。この二派皇子の娘の忍坂大中姫と衣通姫《そとおりひめ》が允恭天皇の妃になっていた。忍坂大中姫や彼女の兄の意富富杼王《おおほどのみこ》が、履中天皇系の王族から允恭天皇への交代に加担したのかもしれない。

また、葛城氏の中で葦田《あしだ》の系統は履中天皇に近く、玉田《たまだ》の系統は允恭天皇に近かった。葛城氏内部の勢力争いが、履中天皇系の王族と允恭天皇系の王族の対立に絡んだ可能性もある。しかし今となっては、このあたりの真相はわからない。

外国人使者に見せるためにつくられた百舌鳥古墳群

●海のそばの台地に築かれた意義

百舌鳥古墳群の巨大古墳は、大阪湾に面した台地の上に築かれた「みせる古墳」であった。それらがつくられた時代の大王たちは、中国の南朝に何度も遣使して積極的な外交を行なった。南朝の劉宋朝から倭王とされた五人の大王は「倭の五王」と呼ばれる。

このような**「倭の五王」の時代の古墳が、百舌鳥古墳群なのである。**このあと詳しく説明するように、倭の五王は中国の皇帝に朝鮮半島南部の支配を正当化するための官職を授けてもらうことによって、朝鮮諸国との外交を有利に進めようともくろんでいた。

倭の五王の時代には高句麗《こうくり》が勢力を拡大して、百済と新羅《しらぎ》に圧力をかけていた。日本は百済と結んで高句麗と対抗する立場をとっていたが、五世紀なかばに百済はじわじわと後退していった。

劉宋朝は日本の大王に官職をくれるが、軍事的に援助する気は全くない。このような不利な状況の中で、王家は労力をかけて巨大古墳を築いたのである。

多くの埴輪と葺石で飾られた百舌鳥古墳の巨大古墳は、白い小さな山のようにみえた。船に乗った朝鮮諸国の使者や交易民の視点でみれば、台地の上の巨大古墳は実物以上に高く感じられたろう。海のそばの巨大古墳は一方では、このような形で朝鮮半島から日本にやって来る人びとに大和朝廷の勢力を誇示するものであった。

それと共に巨大古墳は、国内の人びとに「王家の指導のもとで日本は必ず豊かになっていく」と語りかける役割も担《にな》っていた。上石津ミサンザイ古墳に祭られた首長霊は、朝鮮半島での戦闘や貿易の守り神として人びとに慕われていたのである。

上石津ミサンザイ古墳のあとに、そのすぐ北方にそれより巨大な大山古墳が築かれた。

このあと日本から朝鮮半島に向かう豪族や兵士、航海民は、二つの巨大古墳を合戦の勝利、貿易の成功、航海の安全をもたらす頼もしい神と感じたのであろう。

王家は、朝鮮半島から輸入した鉄を用いた農具を庶民に気前よく広めたから、五世紀なかばの日本で、鉄製農具を用いた微高地の農地開発が始まった。そのため農民たちも、巨大古墳の被葬者を、海の彼方から富をもたらす神として慕ったとみられる。

●高句麗の成長に押される百済と大和朝廷

前に記したように、一五代応神天皇の時代にあたる三六〇年代末に、日本と百済との同盟が成立した（134ページ参照）。しかし、その後の大和朝廷の関係者の朝鮮半島における活動を伝える信頼できる文献はない。

高句麗の広開土王《こうかいどおう》（好太王《こうたいおう》）を顕彰する広開土王碑に、四世紀末の広開土王と日本軍の戦いの記事がみられるだけである。そこには次のような、高句麗と日本軍との四度にわたる戦いが記されている。

・三九一年に倭が海を渡ってきて、百済、加耶《かや》、新羅《しらぎ》を臣民にしてしまった。

・そのため、三九六年に広開土王は自ら水軍を率いて百済に遠征し、百済の都の漢城《かんじょう》を陥して百済王の弟などを人質として連れ帰った。
・三九九年に百済が倭と通じ、倭の軍勢が新羅に侵入した。
・そこで四〇〇年に、広開土王は新羅を救援する軍勢を送って倭の軍勢を破り、加耶の金《きん》官加耶《かんかや》国まで従えた。
・四〇四年に倭が高句麗南部に侵入し、広開土王に敗れた。
・四〇七年に高句麗軍が、百済と倭に勝利した。

ここにあげた記述は、すべて広開土王の大勝利の話になっているが、それは高句麗の側が自らに都合良く脚色したものであり、その裏に秘められた史実をつかむのは難しい。

しかし、倭が「百済、加耶、新羅を臣民にしてしまった」という表現から、大和朝廷からの援軍を得て軍事力を強化した百済が、高句麗に反抗していたありさまがわかる。

高句麗では四一二年に広開土王が亡くなり、その後を長寿王《ちょうじゅおう》が嗣いだ。この長寿王は軍事面の指導を担当する地方の軍政官の制度を整え、高句麗の領土拡大に力を入れた。かれは南下策をとり、四二七年に王都を中国東北地方の丸都《がんと》から平壌《ピョンヤン》に移している（59ページの図参照）。

この長寿王の時代に、日本の勢力はじわじわと後退していったと推測できる。四七二年に百済の蓋鹵王《こうろおう》は中国北朝の北魏《ほくぎ》に遣使して、こう頼み込んだ。

「高句麗が辺境を侵すので、出兵して助けてほしい」

しかし、高句麗と親しい北魏は動かなかった。そのため、高句麗の長寿王はそれから間もない四七五年に、百済の王都の漢城を攻略する。これによって、漢城を中心とする百済北部の豊かな土地が高句麗領になった。

このあと蓋鹵王の子の文周王《ぶんしゆうおう》は、南方の熊津《ゆうしん》に逃れて新たな政権を立てたが、このとき百済の領地は、もとの五分の三までに減っていた。

●倭王済、中国との交渉に成功する

倭の五王は、同盟国である百済のこのような後退の中で、中国の南朝に遣使したのである。仁徳天皇と推測される倭王讃は、劉宋朝が立った翌年にあたる四二一年と、四二五年に南朝に使者を送った。このため、四二一年には倭王讃に、倭国王と共に安東将軍の称号が与えられた。この称号は、中国が東方の君主に授ける将軍号の中で最も格下のものであった。

ついで四三八年に、一七代履中天皇だと思われる倭王珍の遣使がなされた。『宋書』は、このときに倭王珍が「使持節、都督倭・百済・新羅・任那《みまな》・秦韓《しんかん》・慕韓《ぼかん》六国諸軍事、安東大将軍、倭国王」と自称し、この官を正式に認めてもらいたいと願ったという。

「都督〇〇諸軍事」というのは、〇〇という地域の軍事的指導者を表す官名である。倭王珍は倭国の正統な君主のほかに、朝鮮半島南部の国々に対する軍事的指導者の地位を得て、朝鮮南部を支配する権限を得ようとしたのだ。

そこには百済、新羅、任那の他に、すでに無くなってしまった三国時代の三韓の馬（慕）韓、辰（秦）韓（120ページ参照）の名前まで書かれていた。

しかし劉宋朝は、倭王珍に「安東将軍、倭国王」の地位しか与えなかった。

四四三年に一九代允恭天皇とみられる倭王済が遣使しているが、このとき、かれは珍と同じく「安東将軍、倭国王」とされた。ところが劉宋朝は、再び済が四五一年に朝貢したときに、かれに「使持節、都督倭・新羅・任那・加羅《から》・秦韓・慕韓六国諸軍事」の新たな官を加え、さらに安東大将軍とした。

このとき倭王済が授けられた「都督〇〇諸軍事」の中に百済はなく、その代わりに任那の別称とされた加羅が加えられている。このときの百済は劉宋と通交していたから、百済王を倭王の下に置くことができなかったのであろう。

なお、この時代の中国将軍号では、将軍の前につく安東などの名称が重要とされていたので、安東大将軍も安東将軍も大して違わない。

このような中国との交渉の成功は、国内における允恭天皇と允恭天皇系の王族の評価を高めるものであった。かれは「中国から朝鮮半島南部に対する支配権を認めてもらった大王」とされたのだ。

大山古墳に葬られた「二人の人物」とは

●巨大な石棺が物語る全盛期の大王の姿

大山古墳の墳丘は、全長約四八六メートルの日本一の規模のものである。その墳丘を三重の周濠《しゅうごう》がとり囲んでいる。さらにその周濠のまわりの周堤まで入れると、大山古墳の総長はあと少しで一キロメートルに届く約八四五メートルまでになる。

纒向遺跡が誕生したときの面積が約一平方キロメートルの正方形に近い形をしていたこ

とを考え合わせると、この大山古墳は一個の古代都市に匹敵するほどの広さをもっていたと評価できる。

この巨大古墳は、古い時代に盗掘にあったらしい。江戸時代には、盗掘された後円部の墳丘の竪穴式石室の中が覗《のぞ》けるようになっており、そこには巨大な石棺が残されていた。長さ三・一八メートル、幅一・六七メートルの石棺があったと『全堺詳志《ぜんさかいしょうし》』（一七五七年）という江戸時代の文献に書かれている。

さらに明治五年（一八七二）には、堺県令の指導のもとに大山古墳の前方部の簡単な調査がなされた。前方部の一部が大雨によって崩壊したためである。そのとき前方部の二段目の斜面から、竪穴式石室とみられる石室が発見されている。

その石室の中には、長持形石棺があった。さらに石室の中から金銅製の甲冑、ガラス容器、鉄刀二〇本、大刀の金具などもみつかった。金色に輝く金銅製甲冑も、ガラス容器も、同時代の国内で数例しか発見されていない貴重品である。それらは、中国産もしくは百済産の輸入品だと考えられる。

しかし、古墳のあるじとなる被葬者は後円部に葬る決まりがある。金銅製甲冑が副葬されていることから、後円部に葬られた人物は高い地位にあったとみられるが、副葬品は大王のものとしては貧弱である。

そのため大山古墳には大王の他に、大王と特別親しい関係にあった男性の近親者が葬られていたとみるのが妥当だと思われる。

●大山古墳は倭王興を葬った墓か?

大山古墳は長い間、仁徳天皇陵とされてきた。『日本書紀』に、仁徳天皇が百舌鳥古墳群のある百舌鳥耳原《もずのみみはら》に、自分のための御陵をつくらせたとする伝承が記されているためである。そこから自然な形で、仁徳天皇は五世紀の有力な大王であることから、「百舌鳥古墳群最大の古墳が仁徳天皇陵に違いない」とされたのだ。

かつて、大鷦鷯命《おおさざきのみこと》という仁徳天皇の実名は、「大きな御陵《みささぎ》を残したお方」を意味する敬称からきたものだと主張した日本古代史の研究者もいた。しかし、考古学の手法による大山古墳の実年代の研究が進むと、大山古墳が築かれた時代と仁徳天皇の治世とが合わないことが明らかになってきた。

一〇年余り前までは古墳の年代研究によって、「大山古墳は五世紀末の古墳だ」といわれた。そこから大山古墳を、五世紀末の有力な大王である雄略《ゆうりやく》天皇の墓とする説がいくつか出された。

ところが近年の新たな研究によって、河内《かわち》の古墳の実年代は二〇～三〇年引き上げられた。「五世紀に河内における大型古墳の築造が始まった」といわれてきたが、現在では、は三七〇年頃の津堂城山古墳（131ページ参照）を河内に営まれた最初の大型古墳とする説が有力になったのだ。

このような流れを受けて、大山古墳の年代も四五〇年頃のものとされたのである。そうだとすると、その古墳は、允恭天皇とされる倭王済が、四五一年に劉宋朝相手の外交で一定の成功をおさめたためにつくられた可能性も出てくる。**日本が「都督六国諸軍事」の地位を得てまもなく、王家が上石津ミサンザイ古墳の北方に、その古墳より巨大な古墳、すなわち大山古墳をつくる計画を打ち出したのであろう。**巨大古墳が二つ並ぶ偉容は、朝鮮半島の国々から来た外交使節や交易民に、無言のうちに大王の勢力の強さを物語るものとされた。

允恭天皇つまり倭王済は四五一年の遣使後まもなく、亡くなるか譲位したのであろう。『宋書』は済の子の興が、済の後を嗣いだと記している。この倭王興が、大山古墳を寿陵として築いたのではあるまいか。

この倭王興は四六〇年と四六二年に使者を派遣し、四六二年に「安東将軍倭国王」に任命された。倭王興は允恭天皇の子供の一人であるが、それが誰だったかはわからない。『日本書紀』などは、允恭天皇の次にかれの子の安康《あんこう》天皇が大王になったと記している。『日本書紀』に従えば「大山古墳は安康天皇の御陵である」となるが、後で詳しく記すように、このあたりの允恭天皇系の王族の系譜は不確かなのである。

大山古墳を築くのにかかった人・カネ・時間は?

●延べ680万人余りが約16年かけてつくった

大山古墳のような巨大古墳は、どのようにしてつくられたのであろうか。

古墳は一見、自然の丘陵のような無秩序な形をしている。しかし考古学者の計測によって、古墳の墳丘は、円と直線とを組み合わせた整った規格でつくられていたことが明らかになった。

そのため、古墳を築く場所を定める選地がなされたあとに、その地に一定の設計に従った縄張りが行なわれたと考えられている。要所要所に杭《くい》を立てて、杭と杭の間に縄をわた

古墳ができるまで

①選地 → ②設計 → ③縄張り → ④土工事 → ⑤石工事 → ⑥埋葬 → ⑦埴輪による装飾

して、縄で囲んだ土を盛る範囲を人びとに示したのだ。このあと、土を縄張りに従って盛り上げていくのである。

まず周溝をつくるために掘り出した土は、墳丘づくりに使用された。それだけでは足りないので、崩れにくい良質の粘土のあるところから粘土が採取されて運搬された。それらを少しずつ盛ってつき固め、墳丘を築き上げていく。これに続いて竪穴式石室をつくり、葺石を葺くといった石工事が行なわれる。このあたりまでは大王が亡くなる前になされたとみられる。

そして大王が没したあと、葬礼を行ない棺を石室に納める。次いで、あらかじめ作製しておいた埴輪を運んできて墳丘に並べ、ようやく古墳は完成する。

このような古墳の築造を担当したのが、大和朝廷の有力豪族の一つである土師《はじ》氏である。かれらの中には、古墳を設計する技術者、古墳建造の現場監督者、埴輪の意匠を決めるデザイナーといったさまざまな技術者がいたと思われる。

かつてゼネコンの大林組が、大山古墳築造の労働力や費用を試算したことがある。それによると、五世紀の技術でそれをつくるのに、延べ六八〇万七〇〇〇人の労力が必要で、古墳の築造には一五年八か月の年月がかかったという。

大山古墳の建造費はというと、現在の金額に換算して約七九六億円。さらに、現在の工法で大山古墳をつくるには、延べ六万二〇〇〇人の人手と約一〇億円の費用がかかるとも試算している。

●古墳築造に駆り出された農民はどう思っていたか

「首長霊の祭祀によって、大和朝廷のみんなが豊かになる」

多くの人が、このような王家の考えに従って、巨大古墳の築造に加わった。工事は農閑期に行なわれた。朝廷の指示を受けて一つの集落を束ねる首長が、集落にとって余裕のある人手を集めたのであろう。

作業のあと、首長には鉄製農具などの十分な報酬が授けられ、それらは小首長を介して農民たちに分け与えられたとみてよい。このように考えていくと、古墳づくりは現在の公共工事のようなものであったと評価することもできる。

「大和朝廷は大山古墳の築造に、七九六億円の巨費を投じた」といえば、とんでもなく贅沢な大王の墓づくりがなされたと感じる方も多いであろう。しかしそれとは別の、現代の次のような数字を出してみよう。それを知れば、古墳づくりに対する評価が全く変わるかもしれない。

平成二五年（二〇一三）に伊勢神宮の社殿をすべて建て替える遷宮《せんぐう》が行なわれた。この遷宮にかかった経費は、五五〇億円ほどである。この費用はすべて、伊勢神宮を信仰する人びとからの善意の寄付によって賄《まかな》われた。

この例を挙げてみると、こういった考えも成り立つように思えてくる。

「大山古墳の築造とその祭祀は、現代の日本人の伊勢神宮に対する信仰に似たものである」

大山古墳は、エジプトのクフ王のピラミッド、中国の秦の始皇帝陵と共に「世界の三大墳墓」と呼ばれている。

ここにあげた世界の三大墳墓の中で、最も高いのは約一四六メートルの高さをもつ、クフ王のピラミッドになる。これに対して墳丘の長さでは、全長約四八六メートルの大山古墳が首位になる。ところが体積では、約三〇〇万立方メートルの始皇帝陵が一位である。

それぞれ違った形につくられた古代の大墳墓の間に順位をつけることは意味がないの

世界三大墳墓

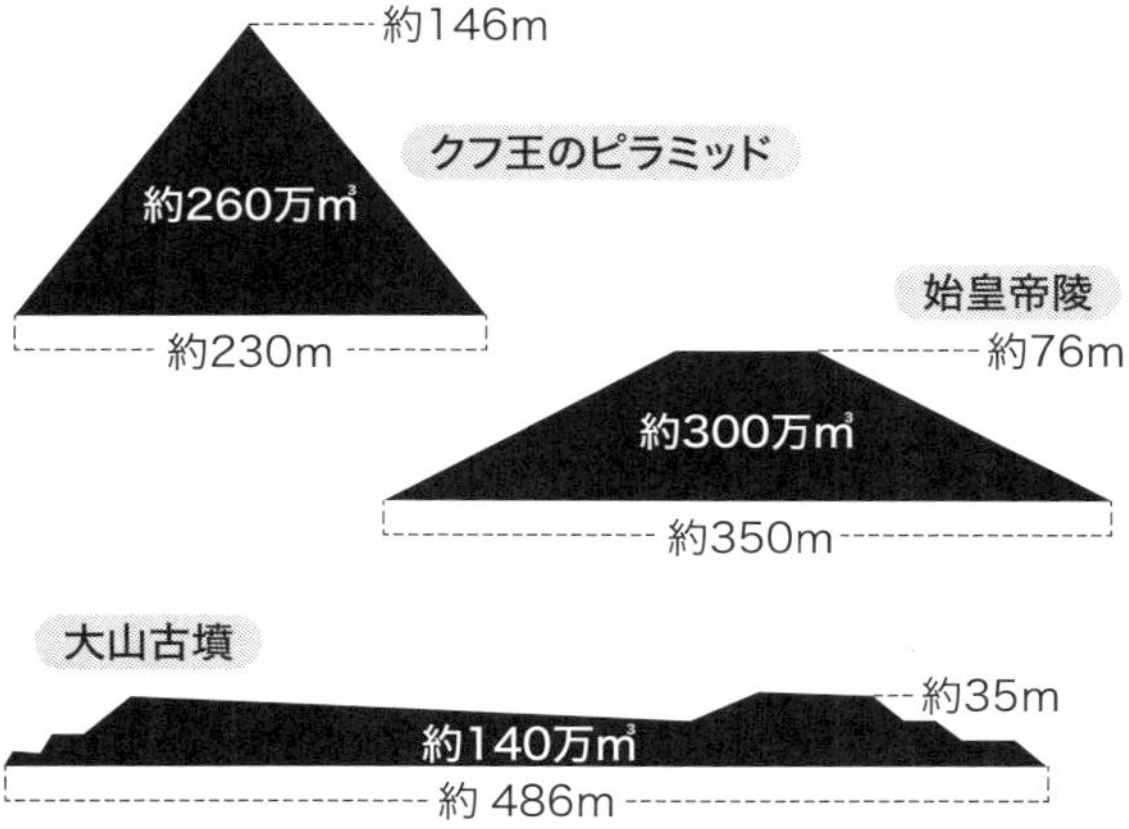

で、「三大墳墓」の名称がひろく用いられているわけだ。
しかし「三大墳墓」といっても、大山古墳は、他の二つの大墳墓とは全く異なるものであった。
クフ王のピラミッドも秦の始皇帝陵も、クフ王、始皇帝といった個人のためにつくられた。これに対して大山古墳は、大和朝廷が治める日本人の幸福のために築造された。だから、古墳に葬られた被葬者の名前はいつしか忘れられて、古墳は「名前さえもたない首長霊の祭祀の場」になったのだ。
古墳の被葬者の名が伝わっていないケースが多いのは、このような背景も大いに関係しているだろう。

百舌鳥古墳群の終末期に築かれた古墳の被葬者は誰か

●百舌鳥古墳群には四つの大王墓がある

百舌鳥古墳の中に、ずば抜けて規模の大きい古墳が四基ある。四四〇年頃の上石津ミサンザイ古墳、四五〇年頃の大山古墳と四六〇年頃の百舌鳥御廟山古墳、四八〇年頃の土師ニサンザイ古墳である。

この中の全長三五〇メートルを超える上石津ミサンザイ古墳と大山古墳が、大王墓とみられることについてはこれまでに触れてきた。そしてそれらの他に、全長約二〇三メートルの百舌鳥御廟山古墳と、全長約三〇〇メートルの土師ニサンザイ古墳も、大王墓にふさわしい大型古墳だと評価できる。

古墳の大きさからみれば、土師ニサンザイ古墳の被葬者が百舌鳥御廟山古墳の被葬者より有力だったことは確かである。次項で詳しく説明するが、結論を先に言えば、**百舌鳥御廟山古墳の被葬者を明らかにすることはできない。**

そして百舌鳥御廟山古墳の次の**土師ニサンザイ古墳に葬られたのが、倭王武の名前で遣使した雄略天皇だった**と考えられる。

『日本書紀』などは雄略天皇が大王になるときに、大臣の葛城円《つぶら》を滅ぼしたと記している。これに関連する形で、葛城氏と春日氏の本拠地の古墳が衰えている。こういったことを手掛かりに、雄略天皇が葛城氏、春日氏などの勢力を排除し、朝廷における強い指導力を確立したとみられている。

この雄略天皇は倭王武と名乗って、四七八年に中国の南朝に朝貢した。このとき、かれは劉宋朝から「使持節、都督倭・新羅・任那・加羅・秦韓・慕韓六国諸軍事、安東大将軍、倭国王」の称号を授けられた。

この使者は、百済の都の漢城が高句麗の長寿王に征服された年（四七五年）の三年後に送られたものである。倭王武は劉宋朝の助けを得て高句麗を討ち、百済の地位を回復させようと目論《もくろ》んでいたらしい。

そのあたりのことを伝える倭王武の上表文が『宋書』倭国伝に収められている。四七八年に派遣された使者が皇帝に差し出した、大和朝廷に仕えた史《ふひと》（書記）の手になる立派な漢文体のものである。その要点を記すと、次のようになる。

「わが国はしばしば使者を送って朝貢し、皇帝に忠誠を尽くしてまいりました。ところが高句麗が百済を併呑《へいどん》しようとして百済に侵入を繰り返すので、わが国の使者はたびたび途

百舌鳥古墳群の有力な古墳と推定される被葬者

年代	古墳名	宮内庁が治定	著者が推定する被葬者
440年頃	上石津ミサンザイ古墳(360m)	17代履中天皇陵	19代允恭天皇?
450年頃	大山古墳(486m)	16代仁徳天皇陵	20代安康天皇?または木梨之軽皇子?
460年頃	百舌鳥御廟山古墳(203m)	15代応神天皇陵墓参考地	20代安康天皇?または名前の伝わらない安康天皇の弟
480年頃	土師ニサンザイ古墳(300m)	18代反正天皇陵墓参考地	21代雄略天皇?

中でさえぎられてしまいました。

そこでわが国は高句麗を討つ準備を進めてきましたが、近年になって父と兄を失い、その計画をはたせずにいます。これから父と兄の遺志をついで高句麗に出兵するつもりですので、その戦いを正当なものとするために、私に開府儀同三司《かいふぎどうさんし》などの官をお授け下さい」

この上表文に出てくる開府儀同三司とは、中国の臣下の最高位である「三公《さんこう》」と呼ばれる大尉《たいい》、司徒《しと》、司空《しくう》に準じる官をさしている。三公とは皇帝の補佐役で、日本古代の関白《かんぱく》のようなものであった。

倭王武は中国の皇帝の補佐役に準ずる官につくことによって、高句麗王より上位に立つと共に、中国から援軍を得ようとしたのである。

●倭王武のときに起きた外交・内政の変化

だが結局、倭王武の願いは叶えられなかった。劉宋朝が、朝鮮半島の国々の対立に関与しない方針をとっていたからである。南朝の皇帝は、はるか遠い倭国からの朝貢の使者を招くことで、国内における皇帝の権威を高めることのみを求めていたのだ。はるか遠くの国の君主を、開府儀同三司にすることなど有り得ない。こう考えた劉宋朝は、倭王武に倭王済と同じ安東大将軍と都督○○六国諸軍事だけを授けた。しかもこの時期の高句麗王は、倭王のもつ安東大将軍よりはるかに格上の車騎《しゃき》大将軍の地位にあった。

中国の南朝の援助が当てにできないことに気付いた大和朝廷は、四七八年の倭王武の遣使を最後に中国に使者を送らなくなった。四七五年の漢城陥落後の百済の勢力の低下によって、朝鮮半島における日本の地位はじわじわと後退していくことになる。

しかし高句麗の圧迫を受け続けた百済は、前にも増して日本との関係を重んじるようになった。そのために、百済王から質の良い工芸品が多く日本に送られてきた。

さらに高句麗の南下による朝鮮半島南部の政治の混乱の中で、新たな活躍の場を求め、東漢《やまとのあや》氏や秦《はた》氏のように有益な技術をもつ人びとが大挙して日本に渡来する。

日本に移住してきた渡来系豪族は、日本にいた中小豪族に自分たちのもつ技術を教えて同族団に組み込んで成長していった。雄略天皇は、多様な技術をもつかれらを次々に官司《かんし》（行政事務の実務を行なう官人組織）に組み込んだ。

雄略天皇の時代は、大王のもとの官司制度が、ある程度整備された時代だと評価される。しかし何らかの事情で、允恭天皇系の王家は、雄略天皇を最後に大王の地位を失った。

古墳が語る五世紀の王家の歴史

●有力な古墳を残した5世紀の10人の大王

『日本書紀』の記事の性格は、二六代継体天皇の登場を境に大きく異なっている。六世紀の継体天皇より後の王家（皇室）の系図は、ほぼ信用できる。そして継体天皇以後になると、『日本書紀』の記事に信頼に足る内容のものが増えてくる。

これに対して『日本書紀』と『古事記』の系譜の二五代武烈《ぶれつ》天皇以前の大王の時代に相当する、王家の五世紀以前の系譜の信頼度は低い。その中には、後世に創作されたとみられる人物が何人もみられるのである。

しかも、五世紀以前の出来事に関する主な記事は、『旧辞《きゅうじ》』と呼ばれる不確かな伝説集に拠って記されたものにすぎない。『旧辞』は継体天皇が立つ前の伝説を集めたものだ。だから『旧辞』だけを手掛かりにした『古事記』の物語は、二三代顕宗《けんぞう》天皇に関する話のところで終わっている。

四世紀末に朝廷で渡来系の史（書記）が活躍するようになったが、朝廷で文字が広まるまでには時間がかかった。そのため王家の簡単な系譜は、五世紀なかば頃になって、ようやく作成されるようになったと推測されている。

その系譜は伝説上の人物をつないだ後に、系譜を作成させた者（大王）と、その父と祖父を記す形をとっていたのではあるまいか。

仁徳天皇の子供の世代にこのような系譜づくりが始まったと想定すれば、その系譜の確かな部分は、応神天皇から始まっていたことになる（141ページの系図参照）。応神天皇のもとで大和朝廷が大きく発展したために、五世紀の王家は、応神天皇の子孫だけを王族として扱っていたと考えてよい。

このような王族は五世紀に、いくつもの系統に分かれて張り合っていた。だから、王家の各々の系統ごとに、独自の系譜がつくられていたのであろう。

しかし六世紀の時点で、履中天皇系以外の系統の王族の系譜は失われていたらしい。そしてそれとは別に、何人かの大王や有力な王族の名前が断片的に伝わっていたとみられる。王家は七世紀はじめ頃から、こういったものと王家の伝説をもとに五世紀以前の自家の系譜をまとめていった。

それは何度かの加筆がなされたあと、『日本書紀』にみられるような形になったが、その系譜の五世紀の部分には、大王ではない人物も何人も含まれている。

古市と百舌鳥の古墳のあり方からみて、五世紀の王家には一〇人の大王がいたと推測できる（139、145、187ページの図参照）。しかしその大王墓は、一六代仁徳天皇から二五代武烈《ぶれつ》天皇にいたる大王が活躍した年代と全く合わない。

ところで、これまで説明してきたように、古市と百舌鳥の一〇基の巨大古墳、大型古墳の中の五基は、『宋書』の倭の五王が活躍した年代に対応している。**古墳という確かな目安でみる限り、『宋書』の記述はほぼ正しくて、『日本書紀』などの系譜には誤りがあるということになる**のだ。

●履中天皇は仁徳天皇の子ではない？

『帝紀』をもとにした系図以外の王家の動向を知る手掛かりとして、『日本書紀』『古事記』

のもとになった『旧辞』がある。前に紹介した「大王の身内争いの物語」は『旧辞』に書かれたものだ。しかしその内容は、古代の知識人の好む形に脚色されてしまっている。

こういった事情から、現在では『日本書紀』『古事記』のもとになった『帝紀』と『旧辞』によって、五世紀の王家の正確な系譜を復元するのは不可能になっている。

ここからは、『日本書紀』の王家の系図と、倭の五王との関わりについて考えておこう。日本側には、五世紀の王家の正確な系図が残っていなかった。そして『日本書紀』に記された大王の中には、系譜が明らかな人物と、名前だけが知られる人物がいた。

次に記す系譜は、ほぼ確実であろう（名前の横の数字は天皇の代数）。

・履中天皇[17]—市辺《いちのべ》之《の》押磐《おしわの》皇子
　　├飯豊《いいとよの》青《あおの》皇女《ひめみこ》
　　└仁賢天皇[24]—手《た》白香《しらかの》皇女《ひめみこ》

・允恭天皇[19]
　　├（何人かの皇子）
　　└雄略天皇[21]

そして五世紀風の名前をもつことから、王家に次のような人物がいた可能性は高い。

・瑞歯別《みずはわけ》（反正天皇[8]）　・木梨之軽《きなしのかるの》皇子
・穴穂《あなほの》皇子（安康天皇[20]）　・白髪《しらがの》皇子（清寧天皇[22]）

ところが、『旧辞』にこの四人のある程度の伝承は残されているが、かれらの子孫に関する記録が残っていない。さらに次の二人は、子孫の記事もなく、かれらに関わる伝承の内容も疑わしい。だから、かれらに関する伝承は後に創作された可能性が高い。

・弘計王《おけのみこ》（顕宗《けんぞう》天皇[23]）　・稚鷦鷯《わかさぎの》皇子（武烈《ぶれつ》天皇[25]）

履中天皇から雄略天皇にいたる系譜は『日本書紀』成立の少し前に『宋書』の記事をふまえて整えられたものであるらしい。その系譜をつくった者は、雄略天皇の時代がおおむね倭王武の時代にあたると推測したうえで、系譜をつないでいったと考えられる。

私は、活躍した年代からみて、倭王讃が仁徳天皇で倭王珍が履中天皇だと推測している。

倭の五王の系図と天皇系図

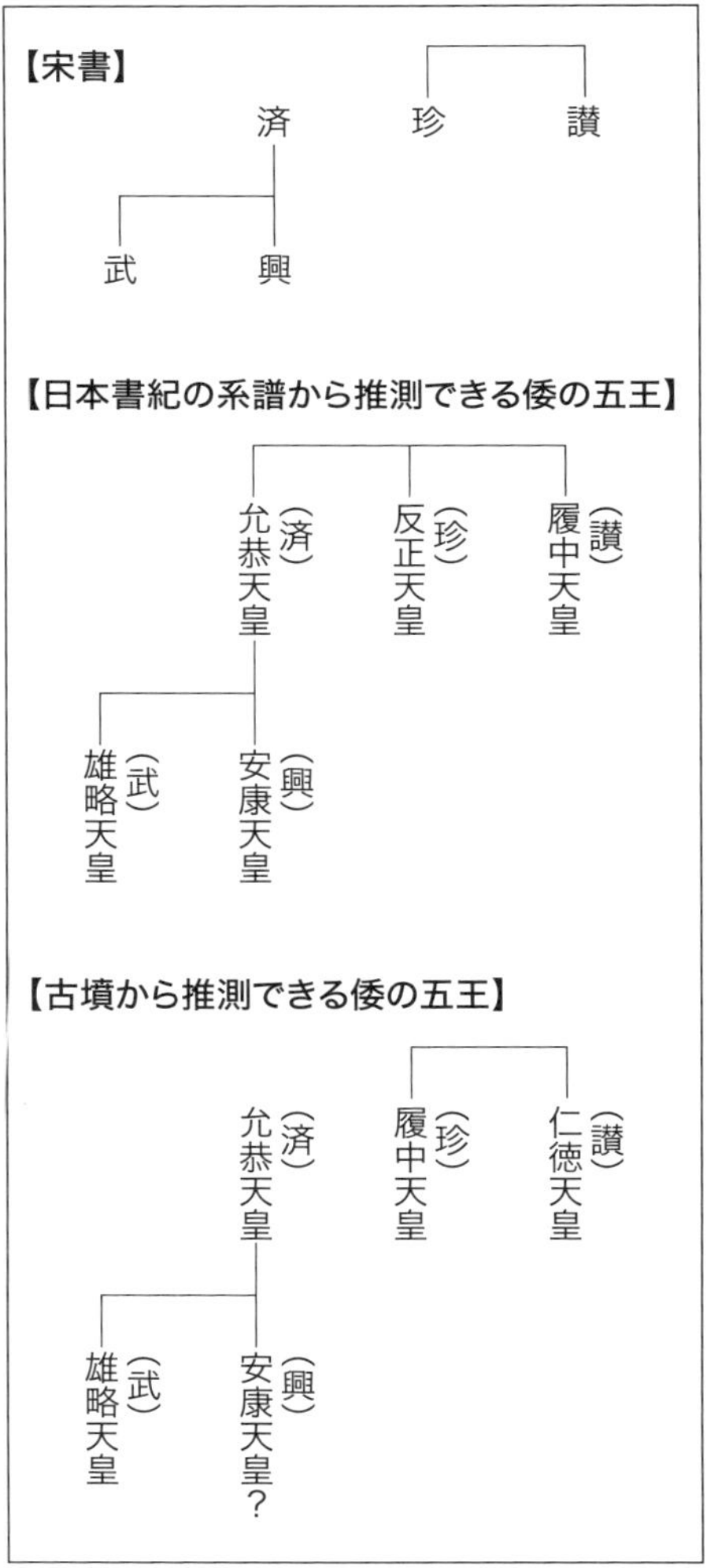

さらに『日本書紀』は履中天皇を仁徳天皇の子とするが、『宋書』の記事を信じれば、かれは仁徳天皇の年の離れた弟にあたる。

このあと倭王済にあたる允恭天皇が大王になり、安康天皇もしくはそれ以外の雄略天皇の兄が倭王興として朝貢したことになる。そのあとで雄略天皇が倭王武として即位し、倭王武の上表文を栄朝に送るのである。

●5世紀の王家の系譜を復元するのは難しい

五世紀の王家の系譜の復元を試みた研究が多く出されてきたが、その中に確かなものは一つもない。だが、『旧辞』には多くの興味深い伝承がある。だから『旧辞』の伝承から、さまざまな憶測を出すことができる。

たとえば、前に紹介した応神天皇の三人の王子の話（140ページ参照）と関連づければ、次のような推測も不可能ではない。

「仁徳天皇が王位につく前は、大山守命か菟道稚郎子が大王になっていた」

古墳からみれば、「倭王旨」の名前を伝える応神天皇と倭の五王の倭王讃とみられる仁徳天皇の間に、一人の大王がいたと考えざるを得ない。

古市古墳群の中の津堂城山古墳を応神天皇、墓山古墳を仁徳天皇の墓とすれば、仲ツ山古墳が大山守命《おおやまもりのみこと》か菟道稚郎子《うじのわきいらつこ》の、いずれかの墓であったということになる。しかし、そのような臆説は全く無意味なものだ。

安康天皇は、允恭天皇の後継者とされていた兄の木梨之軽皇子《きなしのかるのみこ》と争って、軽皇子を伊予《いよ》

（現愛媛県）に流して大王になったとある。それなら木梨之軽皇子が大王になり、大山古墳に葬られたのちに、安康天皇が王位に就いて百舌鳥御廟山古墳に葬られたという想定も成り立たなくもない。しかし、安康天皇の子孫にあたる王族がみられないことから、安康天皇が大王であったかどうかも疑わしいのである。

安康天皇の実名は穴穂皇子《あなほの》であったとある。穴穂は五世紀の王族にありそうな名前である。だから穴穂皇子という王族はいたが、かれは大王ではなく、のちに王家の系譜を整えるさいに大王とされたともみられる。

このような例を挙げていくときりがない。

五章

七世紀末、なぜ古墳は築かれなくなったのか

「首長霊信仰の祭祀の場」から「貴人の墓」へ

●継体天皇のもとで始まった王家の発展

古市《ふるいち》古墳群の解説のところで説明したように、五〇〇年頃になって王位を継承してきた履中《りちゅう》天皇系の王族に、大王を務められる人材がいなくなった（154ページ参照）。そのため大伴《おおとも》氏、物部《もののべ》氏の主導のもとで、王家の傍流で稚野毛二派皇子《わかのけのふたまたのみこ》の流れをひく継体《けいたい》天皇が大王に立てられた。

この二六代継体天皇が属した王族は、安康《あんこう》天皇と雄略《ゆうりやく》天皇の母にあたる忍坂大中姫《おしさかのおおなかつひめ》を出した、朝廷で王家に次ぐ勢力をもつ一族だったと考えられる。

五世紀の大和朝廷では、葛城《かつらぎ》氏、平群《へぐり》氏などの有力豪族が、思い思いの王族を大王に立てて権力を独占する形がとられていた。

そのためしばしば権力争いが起こり、大和朝廷の政治は安定しなかった。そこで継体天皇は、特定の豪族が政治を握る形を改めて、合議《ごうぎ》によって政治を運営する方向を目指した。重大な事項を決定する際に有力豪族の会議が開かれるようになったのだ。

この会議を主導したのが、大臣《おおおみ》の巨勢男人《こせのおひと》、大連《おおむらじ》の大伴金村《かなむら》、物部麁鹿火《あらかひ》と継体天皇の長男の勾大兄皇子《まがりのおおえのみこ》である。さらにこのような合議体のもとで、中小豪族を伴造《とものみやつこ》という役人に組織した「トモ制」と呼ばれる官司《かんし》制の整備が急速に進められた。

文書作製にあたる史《ふひと》、馬の世話をする馬飼《うまかい》氏、衣服をつくる衣縫《きぬぬい》氏などが、それぞれの得意分野で朝廷のさまざまな職務を分担したのである。

継体天皇は、「すみやかに国政の整備を進めねばならない」と考えていた。かれの時代に朝鮮半島で、新羅《しらぎ》が中国風の官制を設けて急速に成長していた。この新羅に対抗して朝鮮半島での利権を守るためには、大王が朝廷で強い指導力をもつ必要があったのだ。

継体天皇は官司制を整備したあと、地方豪族に対する統制も強化していった。そのため継体天皇の治世の終わり頃から、各地の豪族が次々に国造《くにのみやつこ》という地方官にされていく。

●天照大神信仰が古墳の時代を終わらせた

継体天皇は日本における王家の指導力を高めるために、天照大神《あまてらすおおみかみ》という新たな神の祭祀を始めた。それまでの王家は奈良の三輪山《みわやま》の神である大物主神《おおものぬしのかみ》を祭っていたが、その神は、豪族たちが祭る土地の守り神である国魂《くにたま》の神と同列の神にすぎない。

そのため継体天皇は、新たに国内のすべての神の上に立つ太陽の神、天照大神を王家の祖先神にした。王家の首長霊《しゅちょうれい》の神を、大物主神から高天原《たかまのはら》という天の世界にいる天照大神に代えたのである。

このあと王家は、天照大神と天照大神に仕える神を天に住む「天《あま》つ神」と称し、国魂の神々を地上にいる「国《くに》つ神」と称した。そして豪族たちの祖先神を、天照大神の親戚や天照大神の家来筋の神とする神話を整えていった。

このような動きの中で、多くの豪族が自らすすんで王家に接近してきた。有力な国魂の神である大国主命《おおくにぬしのみこと》の祭祀にあたってきた出雲氏は「自分たちは、天照大神の次男の天穂日命《あめのほひのみこと》の子孫である」と称した。もとは国魂の神を祭っていたとみられる中臣《なかとみ》氏は、新たに高天原で天照大神に仕えた天児屋命《あめのこやねのみこと》を祖先神にした。

四世紀なかば頃までの王家では、王家の巫女《みこ》は大王に等しい扱いを受けていたと推測される（84ページ参照）。しかし応神天皇以後、軍事的指導者としての大王が権力を独占するようになったために、王家の巫女の地位は低下していく。

そんな中、継体天皇は再び王家の巫女に注目した。天照大神の祭祀を新たに始めるにあたり、継体天皇は自分の娘の荳角皇女《ささげのひめみこ》を、天照大神の最上位の祭り手である斎宮《さいぐう》に任命した。これは、豪族たちに「王家は未婚の王女の指導のもとに、天照大神の祭祀を行なって

天照大神信仰と豪族

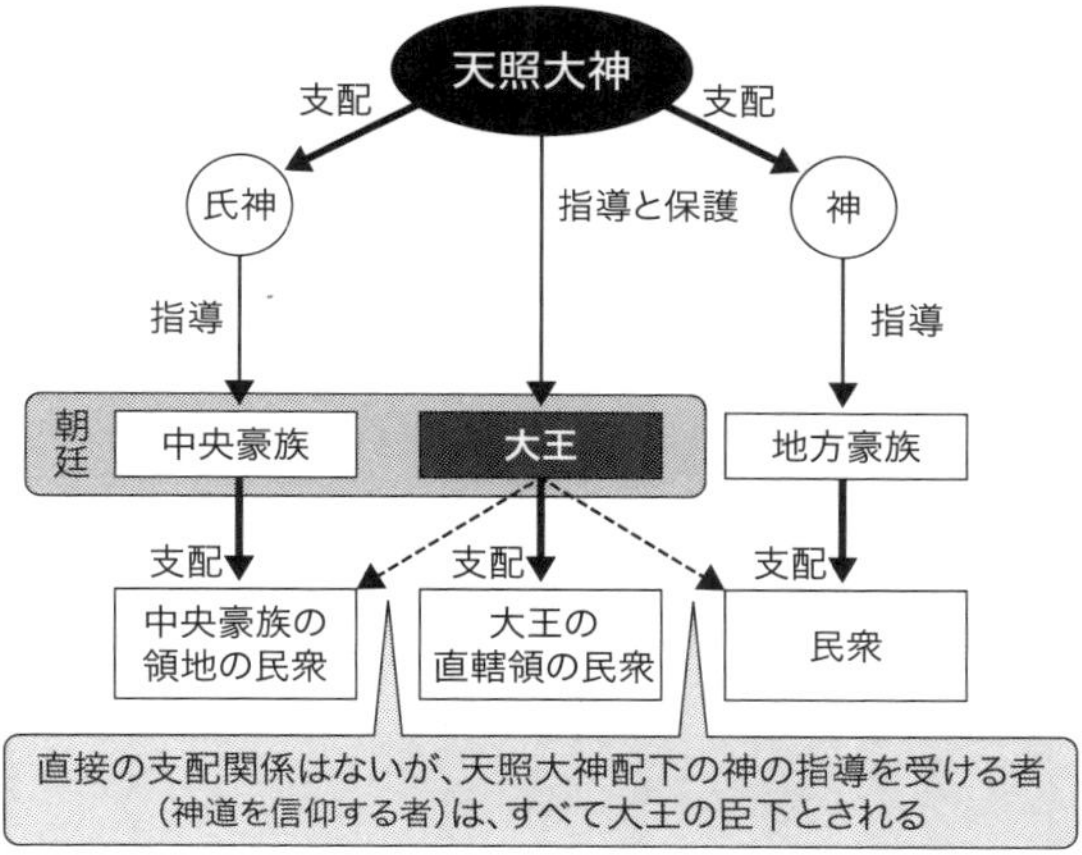

いく」と主張するものである。

これによって王家以外の者が、勝手に天照大神を祭ることが許されなくなった。

古墳とは、国魂の神を祭る豪族連合の首長霊を祭る場として広まったものだ（98ページの図参照）。しかし、**王家が国魂の神より格の高い天照大神の祭祀を始めたことによって、豪族連合の心の拠《よ》りどころとしての古墳の役割は失われた。**

これ以後に地方豪族が古墳を築いたとしても、それは「天照大神より格下の、一地方の守り神の祭祀の場」にすぎなくなる。

古墳は六世紀以降も築かれるが、それはやがて、一地方の守り神から単なる貴人の墓へと変わっていった。

6世紀に、小型の古墳が広まった理由

●カバネの広まりで「誰でも古墳をつくれる」時代に

古墳は、人びとが首長を慕って築いた弥生時代の墳丘墓から発展したものだ。大和朝廷は、そのような古墳や首長墓の広まりをふまえて、二八〇年頃に前方後円墳に対する規制を打ち出した。

首長霊信仰をとる大王を中心とした豪族連合の首長たちに、大和朝廷が定めた大きさの一定の形式に従った前方後円墳を築かせたのだ。しかし、五世紀に文字が広まり、朝廷の制度が少しずつ整ってくると、豪族は首長墓によって身分を示す必要がなくなってくる。

大和朝廷は五世紀なかば頃から、一部の有力豪族に「臣《おみ》」と「連《むらじ》」のカバネ（姓）を授けるようになっていた。それと共に臣や連のカバネをもつ豪族の中から、朝廷の政治を担当する大臣《おおおみ》と大連《おおむらじ》が選ばれるようになった。

さらに、雄略天皇のあたりから朝廷の官司制がつくられ、六世紀はじめの継体天皇のときに官司制の整備が急速に進む。これによって、豪族たちの役割に応じた「直《あたい》」「造《みやつこ》」「首《おびと》」「史《ふひと》」「吉士《きし》」などの多様なカバネが広まった。

「史」はもとは、朝廷の書記のような職業を表す職名だった。ところが、六世紀はじめ頃から「史」がカバネになり、朝廷の書記を務める小豪族が、船史《ふねのふひと》、高向史《たかむこのふひと》などの多様な氏《うじ》の名を名乗るようになった。

このような**カバネで身分を表す制度が確立したため、首長墓の規格で豪族たちの序列を示す必要がなくなった**のである。そのため王家は、天照大神信仰を広めると共に、古墳の規制を撤廃した。古い形の首長霊信仰をとる豪族に、各自の裁量で自由に古墳をつくらせたのだ。

大和朝廷の規制がなくなった六世紀以後に、豪族の古墳は縮小していく。六世紀以後に比較的大きな古墳を残した豪族もいるが、かれらがつくった墳丘は、王家のものよりかなり小さい。これは六世紀以後急速に中央集権化が進み、朝廷から自立した有力豪族がみられなくなることに対応するものであろう。

●群集墳の広まりとともに横穴式石室が普及

六世紀に古墳の竪穴《たてあな》式石室に代わって、**横穴式石室**が広まった。それは朝鮮半島の積石《つみいし》塚《づか》の横穴式石室（59ページ参照）から発展した、百済《くだら》の横穴式石室を手本につくられたものである。

横穴式石室は、巨石を積んで前壁、奥壁、後壁をつくり、その上に天井石を置いたものである。こうすると、石づくりの洞穴《ほらあな》のような石室ができる。そして羨門《せんもん》という壁のない部分から、石室の内部に入っていけるつくりになる。石室の奥の玄室《げんしつ》という部分に、石棺を納めるのである。

埋葬がなされたあと、羨門に石を積んで石室の入口をふさぐが、羨門を開ければいつでも新たな石棺を安置することができる。そのため横穴式石室に、間をおいて複数の人物が葬られる例も少なくない。

横穴式石室が普及した六世紀後半から七世紀前半にかけて、各地に小型の円墳が広まった。それは横穴式石室に次々に被葬者を葬っていく、農民の家族墓としてつくられたものであった。

王家の古墳の築造を担当した土師《はじ》氏に従っていた人びとが各地に散って、横穴式石室建造の技術を広めたと考えられる。王家が古墳づくりに力を入れなくなったために、仕事を失った者が多く出たのだ。

土師氏の流れをひく技術者たちは、崩れない石組みの方法を知ったうえで、人力を使っ

横穴式石室とその構造

横穴式石室……墳丘の横に入り口をつくる。石室が中心部に向かって広がり、棺はその中に安置される

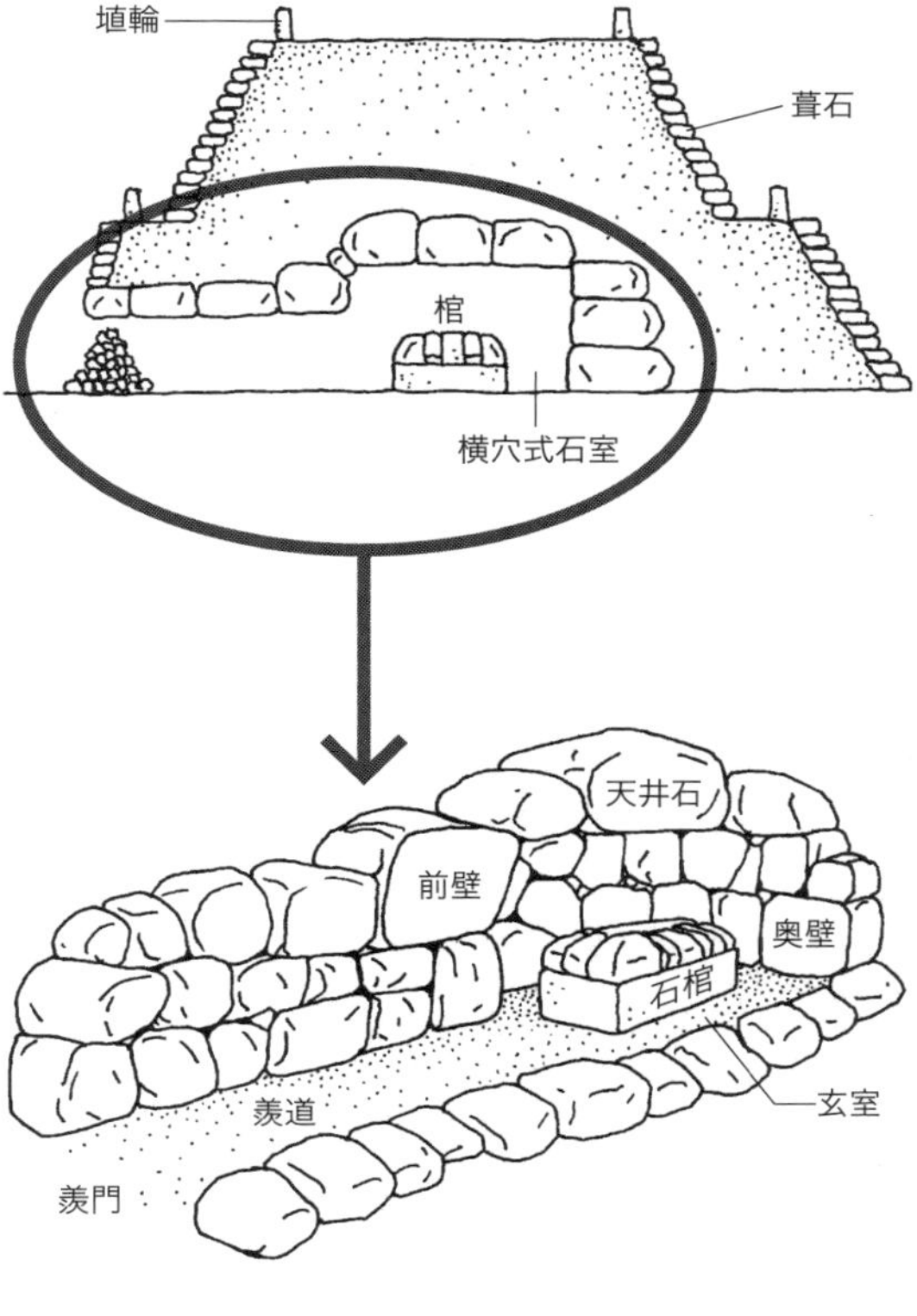

※「大阪府立近つ飛鳥博物館編 2007『横穴式石室誕生—黄泉国の成立—』」を参考に作成

上の橿原市の新沢千塚(中央の盛り上がりが円墳)も、下の吉見町の吉見百穴も群集墳である

て効率よく横穴式石室を組み上げた。石室ができれば、石室の上に土を盛って古墳を完成させる。

日本各地に、直径一〇〜二〇メートルほどの横穴式石室をもつ円墳が三〇〇基ほど集まった**群集墳**がみられる。奈良県橿原《かしはら》市新沢千塚《にいざわせんづか》や和歌山市の岩橋千塚《いわせせんづか》は、その代表的なものである。群集墳は、農地の近くの山麓や台地、山間の谷間などにつくられた。

数家族の労働力があれば、一冬の農閑《のうかん》期で群集墳の中の一基をつくることができると推計されている。農民たちは報酬を払って土師氏の配下の技術者を招き、力を合わせて一つの家族の祖霊を祭る小型の円墳をつくっていったのであろう。

埼玉県比企郡吉見《よしみ》町に、凝灰質砂岩《ぎょうかいしつさがん》という軟らかい岩壁を掘って多くの墓穴を設けた吉見百穴《ひゃっけつ》がある。そこからは、六世紀末から七世紀末にかけてつくられた二一九基の横穴墓が発見されている。

横穴墓の床面は、横穴式石室の玄室に似たつくりになっており、棺を置く台が設けられている。このような横穴墓も、群集墳の一つと評価してよい。

天皇の前方後円墳はいつまでつくられたか

●継体天皇が履中天皇系の墓域である古市に古墳を築かなかったわけ

古市に王墓を営んできた履中天皇系王族のあとを受けた継体天皇は、古市以外の地に王墓を営んだ。考古学者の多くは、**大阪府高槻《たかつき》市にある今城塚《いましろづか》古墳が、継体天皇の王陵だと**考えている。

その古墳は全長約一九〇メートルの前方後円墳で、五三〇年頃に築造されたと考えられている。継体天皇の没年が五三一年だから、古墳の年代も継体天皇の時代に合致しているといえる。

大和からも海からも離れた今城塚古墳

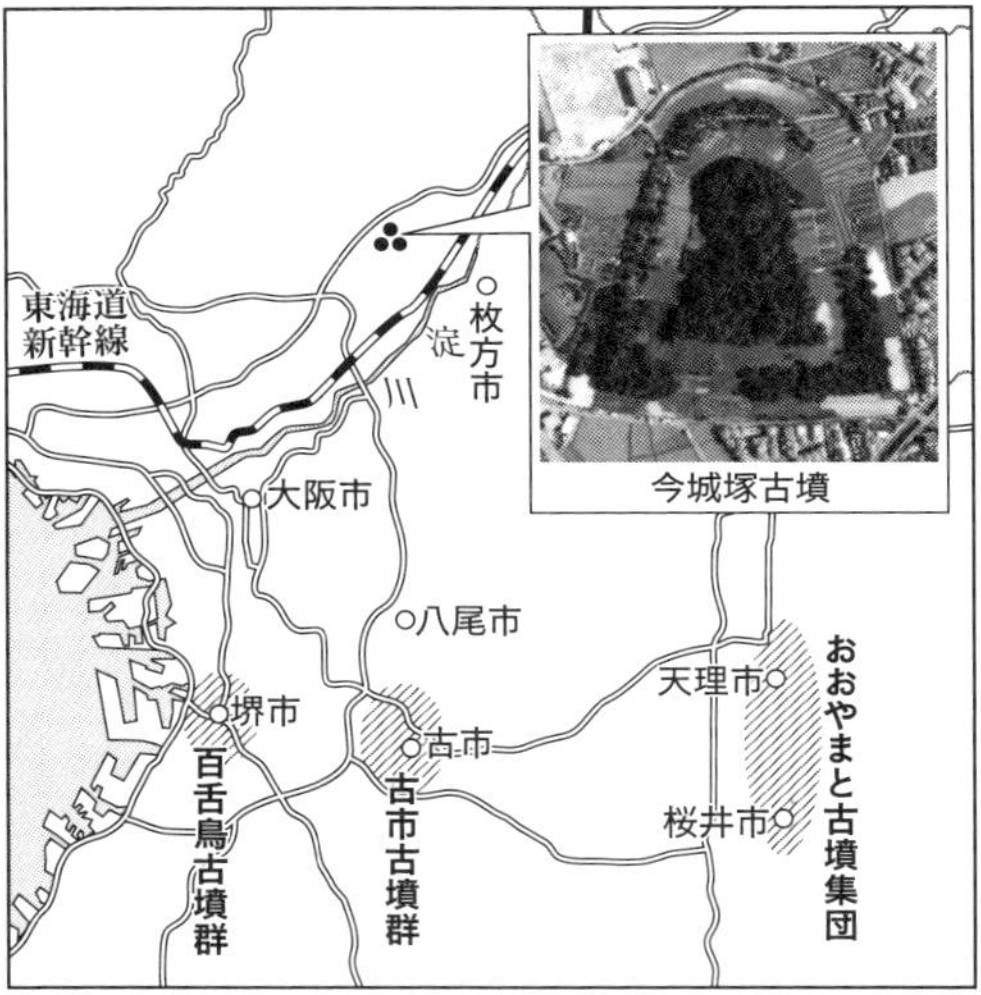

今城塚古墳は難波津《なにわつ》から大和《やまと》への交通路から離れた地にあるが、摂津が河内《かわち》から分かれる前の河内の中にある。もしかすると継体天皇は、河内を王陵の地とする履中天皇系王族の方針に従いつつ、古墳づくりと外交とを切り離そうとしたのかもしれない。

このような継体天皇の古墳は、古市や百舌鳥の古墳群の全盛期の巨大古墳に遠くおよばないうえに、全長二〇〇メートルにも満たない。これは継体天皇が、「首長霊信仰で豪族連合をまとめる時代は終わった。だから、墳丘の規模を競い合う必要はない」と考えたことからくるものではあるまいか。しかし、かれはそれと共に「大王墓は大王の権威を示す華やかなものでなければならない」という立場をとる。そのため古墳は、多くの埴輪で飾り立てられた。今城塚古墳の発掘によって、その古墳の内堤や墳丘上に約六〇〇〇本の円筒埴輪が並べられていることが明らかにされている。

その他に、墳丘外に設けられた祭祀のための区画に、人物埴輪、動物埴輪、家形埴輪などが一三六点以上も置かれていたこともわかった。現在、今城塚古墳公園として整備された古墳には、多くの埴輪のレプリカが飾られている。そのため、そこは「埴輪の古墳」として広く知られることになった。

今城塚古墳の埴輪は、すべて古墳から七〇〇メートルほど離れた新池《しんいけ》遺跡で焼かれたもので、この新池遺跡の埴輪工房跡も新池ハニワ工場公園となっている。

●後期古墳の中で最大の五条野丸山古墳

継体天皇が亡くなったあと、尾張《おわり》氏という地方豪族（今の名古屋市の熱田神宮あたりを本拠とした）の母をもつ安閑《あんかん》天皇と宣化《せんか》天皇が次々に大王に立った。そして、その後に継体天皇の正妻にあたる手白香皇女《たしらかのひめみこ》が産んだ欽明《きんめい》天皇が王位に就いた。

この二九代欽明天皇は蘇我稲目《そがのいなめ》を大臣に任命し、稲目の二人の娘である堅塩媛《きたしひめ》と小姉《おあねの》君《きみ》を妻に迎えた。このようにして蘇我氏と強く結びついた欽明天皇の時代に、大和朝廷は大きく発展する。

大臣の蘇我稲目は朝廷の財政を整備し、多くの渡来人《とらいじん》を起用して官司制を拡大した。これと共にかれは、地方に「屯倉《みやけ》」と呼ばれる王家の直轄領を多く設けて、地方豪族に対する統制を強めている。

蘇我氏は本拠を飛鳥に置いていたが、欽明天皇の時代には王家も、多くの渡来人が居住し、先進文化が広まる飛鳥に勢力を拡大した。この欽明天皇のときに百済から仏教が伝わったことは、よく知られている。

このような**欽明天皇の大王墓は、奈良県橿原市《かしはら》の五条野丸山古墳《ごじょうのまるやま》**だと考えられている。欽明天皇の大王墓は、全長約三一〇メートルの全国で第六位の規模をもつ古墳である。古墳が小型になっていく中で、かれはあえて、古墳の全盛期である五世紀のそれに匹敵する古墳を築かせたのだ。そこにはどのような意図があったのだろうか。

●方墳にこだわった実力者・蘇我氏

蘇我稲目も、五条野丸山古墳とほぼ同時代に、**都塚《みやこづか》古墳**（奈良県高市郡明日香村）という有力な方墳を築いた。その古墳は縦約四二メートル、横約四一メートルの規模をもつ。

王家と蘇我氏は、二つの有力な古墳を築くことをつうじて、「これからは、欽明天皇系王族と蘇我氏が国政を動かす時代が来る」ということを人びとに知らしめようとしたのであろう。

五条野丸山古墳と都塚古墳の間の距離は五キロメートル足らずである。二つの古墳の間に挟まれた地域が、蘇我氏の本拠地であった。その間に、このあと紹介する**石舞台《いしぶたい》古墳**、**小山田《おやまだ》古墳**、**菖蒲池《しょうぶいけ》古墳**と蘇我氏の**甘樫丘《あまかしのおか》**の邸宅が営まれている。

大王墓としては最後の巨大な前方後円墳。この五条野丸山古墳は、蘇我氏と結びついた欽明天皇の墓とされる

王家と蘇我氏の二頭政権は、乙巳《いっし》の変で蘇我蝦夷《えみし》、入鹿《いるか》父子が倒される六四五年まで続いた。

欽明天皇の次の敏達《びだつ》天皇の御陵は、前方後円墳の形をとる。しかし、かれの墓とされる大阪府太子《たいし》町の太子西山《にしやま》古墳の全長は、九三メートルほどしかない。そしてこの**太子西山古墳が、前方後円墳の形をとる最後の大王墓**になった。

そのあとの大王墓では、方墳や上円下方墳が目立つようになる。これは当時、方墳を築いていた蘇我氏の影響によるものではないかといわれる。

近年、明らかになった蘇我氏四代の古墳

●馬子の墓は石室だけを残す方墳だった

飛鳥の外れの丘陵上に、巨大な石組みから成る石舞台古墳《いしぶたいこふん》がある。そこは古くは、一辺約八〇メートルの巨大な方墳であったと推測されている。

「巨大な方墳であった」というのは、墳丘の盛り土がすべて失われて、石室が露出してしまっているからである。その石室は、石づくりの舞台のようにもみえる。かつてその巨大な天井石の上で、狐が美しい女性に化けて踊りを踊っていたという伝承があった。そのために、その古墳は「石舞台古墳」と呼ばれたという。

石舞台古墳は、蘇我氏の配下の豪族たちが居住する飛鳥の地を見下ろす位置にある。馬子は、自分が死んだあとは飛鳥を守る首長霊の神となることを願って、石舞台古墳を営んだのかもしれない。

盛り土がなくなって石室が露出した石舞台古墳。もとは巨大な方墳だったと思われる

蘇我馬子は、三〇代敏達天皇の時代から三三代推古《すいこ》天皇の治世にいたる四代の大王のもとで大臣を務めた。かれは仏教興隆策を推進すると共に、朝鮮半島の国々の進んだ文化の輸入に尽くし、渡来系の豪族を登用して国政の整備を行なった。

敏達天皇の時代には馬子と大連の物部守屋《もののべのもりや》が並んで国政にあたっていたが、三一代用明《ようめい》天皇の没後に政争が起こり、守屋は馬子に滅ぼされた。このあと馬子主導の時代が訪れる。

馬子の手で、日本の仏教界の核となる法興寺《ほうこうじ》が建てられているが、自ら仏典を研究し、日本にさまざまな学問を広めた聖徳太子の活動は、蘇我氏の支援のもとではじめて可能になったものである。

石舞台古墳の石室は約三〇の巨石を組み合わせてつくられており、そこに用いられた石の総重量は二三〇〇トンにもなる。

現在、この石舞台古墳は史跡公園になっていて、見学者は石室内に入ることができる。

●馬子に滅ぼされた皇子を葬った古墳とは

蘇我氏の全盛期に築かれた古墳の中では、奈良県斑鳩《いかるが》町藤ノ木古墳《ふじのき》が注目されている。そこは二〇歳前後の二人の男性を葬った、直径約四八メートルの円墳である。

藤ノ木古墳は当時の古墳としてはそれほど有力なものではないが、朱で赤く塗られた石棺から豪華な出土品がみつかった。金銅製透かし彫りの鞍金具や、金銅製冠、金銅製 飾履《しょくり》（飾りの付いた簡単な靴）はその代表的なものである。

飾履は二名の被葬者のために、二足納められていた。そのため、この藤ノ木古墳の被葬者を穴穂部皇子《あなほべのみこ》と宅部皇子《やかべの》とする説が有力である。

その二人は、蘇我馬子と物部守屋との争いのときに守屋についたために、馬子が送った軍勢に討たれた人物である。藤ノ木古墳の副葬品は、不遇な死を遂げた二人の鎮魂のための捧げ物だったかもしれない。

●蘇我氏の専横の伝承に関わる二つの古墳

蘇我馬子が亡くなったあと、かれの子の蝦夷《えみし》が大臣になった。そして三五代皇極《こうぎょく》天皇が立ったあと蘇我蝦夷が引退して、息子の入鹿《いるか》が後を嗣いだ。

『日本書紀』は、このあたりの蘇我氏の専横《せんおう》に関するさまざまな記事を記している。その一つに、蝦夷・入鹿父子は生前に「双墓《ならびのはか》」と呼ばれる二つの大きな墓をつくったとするものがある。かれらは、蝦夷の墓を「大陵《おおみささぎ》」、入鹿の墓を「小陵《こみささぎ》」と呼ばせたというのである。

これは、蘇我氏の墓を大王の御陵（大王墓）になぞらえる行為であった。

またそのあと、蝦夷・入鹿父子が甘樫丘《あまかしのおか》に壮大な屋敷をつくったともある。これを建てたとき、蝦夷の邸宅を「上《かみ》の御門《みかど》」、入鹿のそれを「谷《はざま》の御門」と呼ばせた。これは自分たちの屋敷を大王の王宮になぞらえる非礼な振る舞いだとされた。

蘇我氏の本家がこのようなことを繰り返したので、中大兄皇子《なかのおおえのおうじ》らが蝦夷・入鹿父子を滅ぼした（乙巳《いっし》の変）と『日本書紀』は説明している。

甘樫丘の屋敷の跡は、平成六年（一九九四）に発掘された。そのとき、丘の南側の谷底から、焼け焦げた木片や壁土、壁材などが多くみつかった。これらは、蘇我蝦夷が中大兄皇子の攻撃の前に邸宅に火をかけて自殺したという『日本書紀』の記事を裏付けるものとされた。

近年、蘇我氏の本拠地の近くの埋没した古墳の調査が進められた。平成二六年（二〇一四）

丘陵の右が小山田古墳で左が菖蒲池古墳。どちらも方墳で、前者が蝦夷、後者が入鹿の墓になる

に、かつて**小山田遺跡**《こやまだ》といわれていたところが古墳であることが明らかになり、平成三〇年（二〇一八）に、それが東西約七二メートル、南北約八〇メートルの巨大な方墳だとわかったのである。そこは、小山田古墳と名付けられた。

この小山田古墳の隣には、前々から知られていた**菖蒲池古墳**《しょうぶいけ》があった。これは一辺約三〇メートルの方墳である。小山田古墳の存在が明らかになったあと、小山田古墳と菖蒲池古墳が、難波津方面から飛鳥を抜けて甘樫丘に通じる道のそばにあることが注目されるようになった。

つまり蘇我氏は、自分たちの邸宅を訪れる外国の使者や交易民らにみせるために、大陵と小陵を並べてつくったのではないかと推測されたのだ。そうすると、規模の大きい小山田古墳が蝦夷の大陵で、小さいほうの菖蒲池古墳が入鹿の小陵になる。

この小山田古墳の発見によって、飛鳥時代の朝廷に勢力を張った蘇我氏の四代の当主、すなわち、稲目、馬子、蝦夷、入鹿の墓所がすべて明らかになったのだ。

天武天皇は、なぜ藤原宮の近くに古墳を築かせたのか

●後退していく中央の古墳

仏教伝来のあと、日本では急速に新たな中国風の飛鳥文化が広まっていった。こういった中で、伝統的な弥生時代風の土師器《はじき》（釉薬《うわぐすり》をかけない素焼きの土器）の技法でつくられた埴輪で飾られた古墳は、次第に過去のものとなっていった。

朝鮮半島の国々でも、仏教や多様な中国文化の広まりをうけて王墓の後退がみられる。**墓づくりよりも、王都の整備や寺院の建立に力を注ぐべきだとされたのだ。**

王墓の後退の波は、中国とさかんに交流した高句麗や百済から新羅、ついで加耶《かや》諸国を経て日本に達した。

大化改新のときに**薄葬令**《はくそうれい》という法令が出されている。これは、臣下の古墳づくりを制限

するものであった。具体的には、のちの五位以上に相当する有力者だけに墳丘を築くことを許可し、中流豪族以下の者は墳丘をつくらせず地下に石室をつくって棺を納めさせる形がとられていた。

この法令が、すぐに効果を発揮したわけではない。しかし、この薄葬令の影響で、群集墳は七世紀後半から少しずつ姿を消していく。それに代わるように、日本中に寺院が広まりはじめる。

七世紀後半あたりから、中央の有力者は、墳丘は小さくても石室の内部にあれこれ趣向を凝《こ》らした古墳をつくらせるようになった。このような流れのうえに営まれたのが、七世紀末の天武天皇一族の古墳群である。

●古墳の最後の輝きというべき朱雀大路の先の聖地

天武天皇の末年にあたる天武一三年（六八四）に、飛鳥の地の外れの藤原京《ふじわらきょう》の造営計画が定まった。そこは、日本で最初の王宮を中心に営まれた都市（都城《とじょう》）であった。それは中国風の広大な都城にならったものである。

天武天皇の没後、都の建設は一時中断していたが、天武天皇の妻であった持統《じとう》天皇の即

藤原京と天武天皇一族の墓と蘇我氏の関連施設

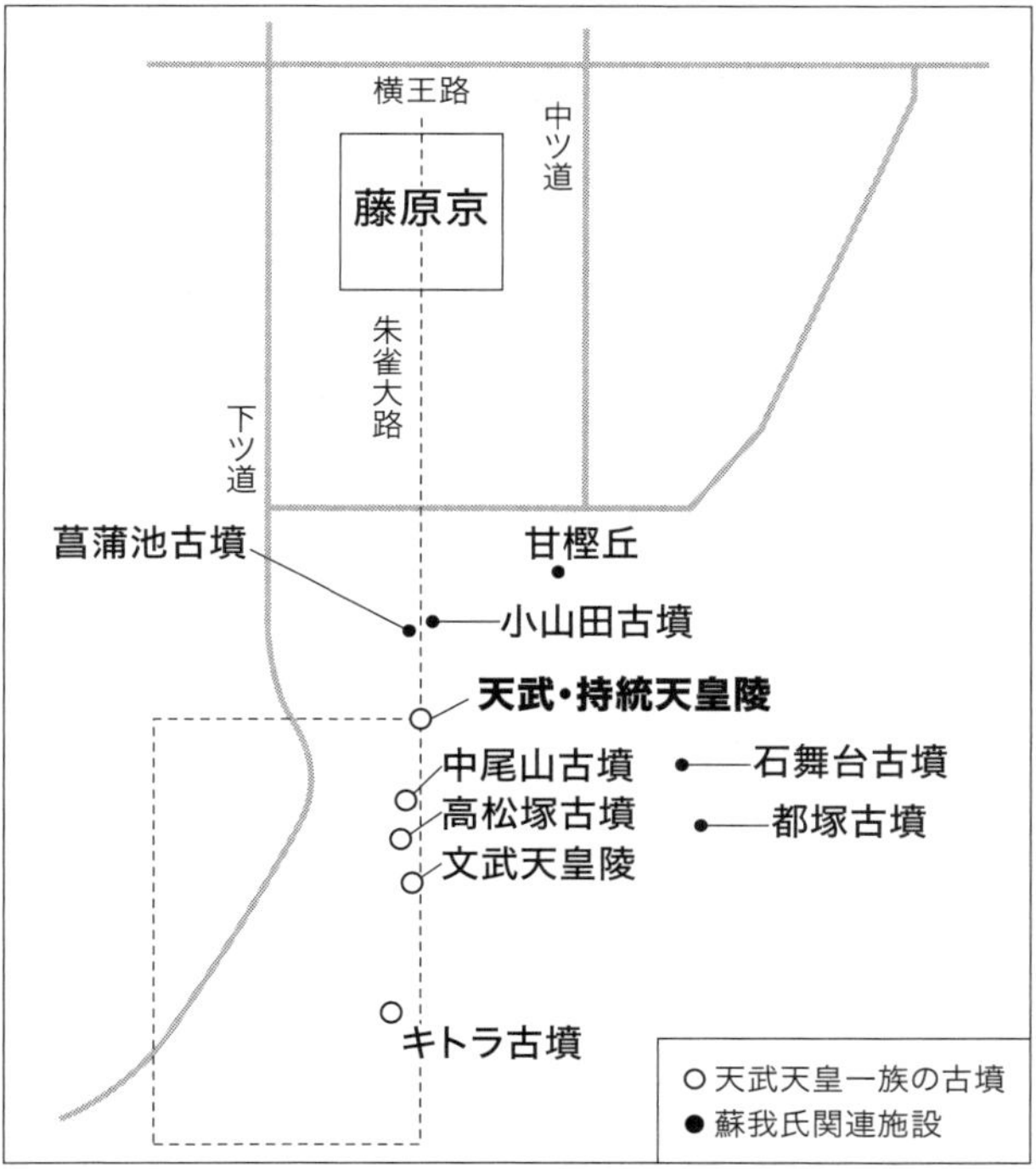

位後に再開された。持統八年（六九四）に藤原京が完成し、天武天皇がひらいた飛鳥浄御原宮《あすかのきよみはらのみや》から藤原京への遷都がなされている。

この藤原京の中央を朱雀大路《すざくおおじ》という道が貫いており、その延長線上に天武天皇の御陵があった。これは「私は亡くなったあと、首長霊となってこの藤原京を守っていく」とする天武天皇の遺志によってつくられたものであろう。

天武天皇陵は、対辺の長さが約三七メートルの堂々たる姿の八角墳であった。前にも述べたように、八角墳は、八方を治める王者にふさわしい人物を葬るところだと考えられていた（35ページ参照）。

そのため人びとは、次のように感じたであろう。

「壬申の乱という王家の内紛に勝利して、はじめて全国規模の支配を打ち立てた天武天皇は、八角墳の主にふさわしい日本全体を治める首長霊だ」

この古墳ができあがったあと、天武天皇の親族たちが次々に、天武天皇の御陵の近くに古墳を営むことになった。まず、天武天皇の妻である持統天皇が、天武天皇陵に合葬されている。

彼女は火葬されることを望み、「自分のために新たな古墳を営む必要はない。夫の墓に追葬してほしい」と遺言した。その後、天武天皇陵は、天武・持統天皇陵と呼ばれた。その正式の名称は檜隈大内陵《ひのくまのおおうちのみささぎ》である。

藤原京と天武・持統天皇陵を結ぶ線の先に、**中尾山《なかおやま》古墳**、**高松塚《たかまつづか》古墳**、**文武《もんむ》天皇陵**、**キトラ古墳**が次々に築造されていった。これらは天武天皇の親族を葬ったものだと考えられているが、その被葬者の多くは明らかではない。

●天武天皇一族を葬ったキトラ古墳と高松塚古墳

キトラ古墳と高松塚古墳の石室には、美しい壁画が描かれている。

キトラ古墳は直径約一四メートルの円墳で、それほど有力な古墳ではないが、その調査によって発見された美しい壁画によって、多くの人の注目を集めた。石室を取り巻く四方向の壁には、青龍、白虎、朱雀、玄武の四方を治める霊獣が描かれており、この四神の下部には十二支を表す獣頭人身像があった。

さらに人びとを驚かせたのが、石室の天井に描かれた二八の星座を表した天文図である。それは星の部分に金箔を貼り、星と星とを朱線でつないで星座の形を示すものであった。その星座の図には、星の運行や太陽の軌道を示す三重の円も添えられていたのである。

キトラ古墳の被葬者は、陰陽五行説にたつ中国の星座、十二支、四神の神々に見守られながら死後の世界を過ごすことを願ったのであろうか。

高松塚古墳は、キトラ古墳より一回り大きい直径約二三メートルの円墳である。その古墳の石室には、四神と簡単な星座の図と、正装でさまざまな器物を持参して集まる男女が八人ずつ描かれていた。この古墳の人物像は、即位式もしくは新年に朝廷で行なわれる朝賀の儀式を表すとする説もある。

ここに紹介した二つの古墳は、皇子など天武天皇の身近にいた人物を葬ったところであったと推測できる。

なお、天武天皇の孫で持統天皇のあとを継いだ文武《もんむ》天皇の墓だが、現在文武天皇陵とされている檜隈安古岡上陵《ひのくまあこのおかのうえ》ではなく、そこと天武・持統天皇陵の中間にあり、八角墳の形をとる中尾山古墳ではないかとする説もある。

武光誠　たけみつ・まこと
1950年、山口県生まれ。東京大学文学部国史学科卒業。同大学院博士課程修了。文学博士。2019年3月に明治学院大学教授を定年で退職。専攻は日本古代史、歴史哲学。比較文化的視点を用いた幅広い観点から日本の思想・文化の研究に取り組む一方、飽くなき探究心で広範な分野にわたる執筆活動を展開している。著書に『日本人も知らない　やまとことばの美しい語源』『知れば驚く　神社の名前の謎』『神社に隠された大和朝廷統一の秘密』（いずれも小社刊）、『「国境」で読み解く世界史の謎』（PHP研究所）、『歴史書「古事記」全訳』（東京堂出版）、『日本人なら知っておきたい日本』（扶桑社）、『日本人なら知っておきたい！所作の「型」』（青春出版社）など多数。

古墳解読
古代史の謎に迫る

2019年８月15日　初版印刷
2019年９月５日　初版発行

著者 ―― 武光誠

企画・編集 ―― 株式会社夢の設計社
〒162-0801　東京都新宿区山吹町261
電話（03）3267-7851（編集）

発行者 ―― 小野寺優

発行所 ―― 株式会社河出書房新社
〒151-0051　東京都渋谷区千駄ヶ谷2-32-2
電話（03）3404-1201（営業）
http://www.kawade.co.jp/

DTP ―― イールプランニング

印刷・製本 ―― 中央精版印刷株式会社

Printed in Japan　ISBN978-4-309-22785-6